知的生きかた文庫

「とらわれない」で生きる禅の教え
求めない 怒らない 愚痴らない

平井正修

三笠書房

はじめに　煩悩の根本にある〝三つの毒〟

「**煩悩**《ぼんのう》」という言葉を聞いたことがあると思います。我欲《がよく》や執着《しゅうちゃく》、妄想《もうそう》、慢心《まんしん》などがその典型で、人の身心にまとわりつき、迷わせ、掻《か》き乱すものすべてのことです。

そして仏教では、煩悩の根本にあるのが**「三毒」——「貪《とん》」「瞋《じん》」「癡《ち》」**の三つだとしています。

貪とは「貪欲《どんよく》」、すなわち、**欲しいと思う心、貪《むさぼ》りの心**です。何かを手に入れても満足できず、もっと欲しい、もっと、もっと……と際限なく広がっていきます。

瞋は「瞋恚《しんに》」ともいい、**怒りの心**です。欲しいものが手に入らない、思うようにならないと湧き上がり、人やものに当たり散らしたり、誰かに憎しみを向けたりします。

癡は「愚癡《ぐち》」ともいって、**愚かな心**です。ものごとの正しい判断を誤らせ、妬《ねた》みや嫉《そね》みを生みます。

ただし、人が生きている以上、この三毒を消し去ることはできません。何かを欲しいという思いがなくなることはありませんし、怒りから完全に離れるということもできない。愚かな心もさまざまな場面で顔を覗かせます。

じつは、「貪」「瞋」「癡」自体にはよいも悪いもないのです。これらにとらわれ、縛られてしまうと、心の自由がきかなくなります。これが、仏教でいうところの〝苦〟という状態です。この〝苦〟とどう向き合うかが、仏教の最大のテーマです。

これらがふっと浮かぶのは仕方がないのです。大切なのはそれらをどうするか、です。

ひとつは**「断ち切る」**。禅の修行の中心にある坐禅は、そのための方法でもあります。貪る心、怒りの心、愚かな心が、一瞬湧き上がってきても、その一念は悪さをしません。しかし、それをつないでいくと、とらわれることになります。

「欲しい」という念をつないでいく（**継**《つ》**ぐ**）と、手に入れたいという思いで頭も心もいっぱいになり、身もだえする。これはまさしく「貪」にとらわれた姿でしょう。

ですから、坐禅では息とともに念を吐き出してしまうわけです。

臨済宗《りんざいしゅう》の坐禅では、**「数息観《すそくかん》」**といって、ひと息ごとに「ひと～つ」「ふた～つ」と数えます。吐く息に合わせて浮かんだ念を吐き出す、そのことによって念を断ち切るのです。

たとえば、誰かを好きになる。心の底から誰かを思うことは、喜びでもあり、それ自体は悪いことではありません。しかし、その思いは次第に相手にもこちらを好きになって欲しい（貪）、というところにつながっていきます。ところが、必ずしもそうはならないからやっかい。そこに思い通りにならないという苦しみが生まれるのです。「では、〝好きだ〟という思いは断ち切れる？」たしかに、それはなかなか断ち切れるものではないでしょう。

そこで、**「転じる」**ということが求められるのです。

好きだという思いを、自分を磨くことに転じる。自分をもっと高めようとする、やさしさや思いやりを深めようとする。それも、転じている姿といっていいでしょう。

湧き上がった怒りを自分の腹におさめる、昨日のことを悔やむ気持ちを、明日に活かしていこうと考える、といったことも転じているひとつの姿です。

断ち切れるものは断ち切る、転じていけるものは転じていく。そんな三毒とのさまざまな向き合い方についてお話ししていこうと思います。

平井正修

もくじ
Contents

序章

「煩悩」と向き合う

――自分の毒に気がつけば、人は変わる

一章

求めない

求める心を手放せば、
心配事は起こらない

二章

怒らない

行き場のない感情は、あるがまま認めればいい

三章

愚痴らない

現実に向き合えば、シンプルに生きられる

本文DTP／株式会社Sun Fuerza

序章

「煩悩」と向き合う

——自分の毒に気がつけば、人は変わる

心を変えようとするだけでは、心は変わらない

本書の冒頭で述べたように、人は生きているかぎり、煩悩、そしてその根本にある「三毒」（「貪《とん》」「瞋《じん》」「癡《ち》」）と向き合っていかなければなりません。そこで必要になるのが、それにまみれない心をつくっていくということです。しかし、心だけを変えようとしてもうまくいかないのです。行動をともなってはじめて、心は変わります。

日本に曹洞宗《そうとうしゅう》を伝えた道元《どうげん》禅師の言葉に、次のようなものがあります。

「この法は、人人《にんにん》の分上《ぶんじょう》にゆたかにそなわれりといえども、いまだ修《しゅう》せざるにはあらわれず、証《しょう》せざるにはうることなし」

この教えは、それぞれの人に等しく豊かに具わっているけれども、それをおこないとして実践しなければ、あらわれてこないし、会得《えとく》することもできない、といった意味です。欲をもたない自分でいよう、怒らない自分になろう、愚かな考えに陥《おちい》らないようにしよう、といくら思っていても、それだけではダメなのです。何か行動をしないことには、心の在り様は変わらない。

物欲から少しでも離れたいという思いでいるのであれば、「これが欲しい」と思ったときに、すぐ買うのではなく、たとえば、一週間考える時間をもつ、といった具体的な行動を起こすのです。インターバルを置くことで、「今回は控えよう」という方向に心が変化することにもなります。お金に対する欲が強い自分をなんとかしたければ、思い切って寄付をするとか、ボランティア活動に取り組んでみるとか、思いと行動を結びつけることが必要です。

すぐに腹を立てる自分の心を変えたいなら、怒りが湧いたときに、必ず、深呼吸をおこなうようにする、いったんその場を離れる、といった行動をとることも、思いの実践でしょう。気持ちがゆるんで、乱れがちな生活をなんとかしたければ、自分のなかで何かルールを決めて、それを着実にこなしていく。たとえば、朝六時に起きるということでもいいし、夜は十二時前に寝るということでもいいですね。それを守ることで、心の在り様も〝規則正しい生活をする〟というものに変わっていくのです。

心を変える行動「五波羅蜜」

仏教では三毒にまみれないために、修行として実践すべき徳目として「六波羅蜜《ろっぱらみつ》」を定めています。「布施《ふせ》」「持戒《じかい》」「忍辱《にんにく》」「精進《しょうじん》」「禅定《ぜんじょう》」「智慧《ちえ》」の六つがそれです。簡単に説明しておきましょう。

「布施」は、一般的にも使われている言葉ですが、ものや金品を惜しまず与えることです。財物を与えることを財施《ざいせ》、仏様の教えを説くことを法施《ほうせ》、人の心を慰めることを無畏施《むいせ》といいます。

「持戒」は、戒律《かいりつ》を守ること。仏の道を志すものが守るべき戒は「五戒」と呼ばれ、以下のものがそれにあたります。「不殺生戒《ふせっしょうかい》（殺すなかれ）」「不偸盗戒《ふちゅうとうかい》（盗むなかれ）」「不邪淫戒《ふじゃいんかい》（不道徳な性行為をするなかれ）」「不妄語戒《ふもうごかい》（うそをつくなかれ）」「不飲酒戒《ふおんじゅかい》（酒を飲むなかれ）」。

「忍辱」は、耐え忍ぶことです。

「精進」は、これも一般語となっていますが、努力をすること、一所懸命にものごとにあたることです。

「禅定」は、心を静めてひとつのことに集中することです。

「智慧」は、ものごとをありのままに受けとめ、真理を見きわめていく能力のことで、ここまでの**「五波羅蜜」**を実践していくことで、その境地にいたることができる、とされています。

「六波羅蜜」などというと、いかにも抹香《まっこう》臭い感じがするかもしれませんが、「五波羅蜜」については、日常生活にも取り入れられることばかりでしょう。

お参りに行った寺社でお賽銭《さいせん》を投げるのは財施ですし、落ち込んでいる友人を慰めるのは無畏施です。前述したように生活のルールを決めて、しっかりそれを守っていくことは持戒にあたりますし、しんどい仕事を頑張ってやり通すことや、腹が立ってもじっと堪えるのは忍辱です。何でもいい、コツコツ努力を続けるのは立派な精進。仕事でも趣味でも、それとひとつになっているときは禅定を実践しているのです。

さあ、できることから、ひとつずつ、丁寧にやっていきましょう。

なぜ人は「不安」になるのか

心に入り込み、ふくらんでいく不安は三毒のどれからくるのでしょうか。

先の見通せない将来の生活への不安、それがお金やものに関するものなら「貪」、子どもが面倒をみてくれるだろうか、といった人まかせのものなら「癡」ということになるのかもしれません。

不安ということについては、後章でもお話ししますが、不安に打ち克つ方法など、禅にはありません。より正確にいえば、**禅ではそもそも〝将来の不安〟を考えることがない**のです。こんな言葉があります。

「即今目前《そっこんもくぜん》」

読んで字のごとし、たったいま、目の前、ということです。禅はひたすらその「いま」「目の前にある」ことをやっていくのです。ところが、人はともすると、いまを疎《おろそ》かにして、将来に目を向けてしまう。「明日を夢みて、今日を忘れる」ということになりがちなのです。それが、不安にもつながっていく。

そうではなくて、明日を夢みる暇があったら、今日をしっかり生きなさい、というのが禅の考え方です。

将来に目を向けたとして、何ができるでしょうか。まだ、現実にはなっていない、いってみれば、絵空事の世界ですから、できることなど何もないのです。人間、これがいちばんしんどい。

将来のことを考えて不安になり、絶望してしまうという人がいますが、何もできない自分を、いっさい手出しの叶わない自分を、感じるからそうなるのです。だったら、**いまに目を向ければいいではありませんか。**

「身の丈で生きる」ということ

「いま」にはできることが確実にあります。それを淡々と、かつ、精いっぱいやっていけばいいのです。

ただし、条件がひとつあります。そのときどきの「いまの自分」をわかっている、というのがそれです。正味《しょうみ》の自分をしっかり見る、といってもいいかもしれません。体力も含め、自分の力がどのくらいのものであるかを把握していないと、精いっぱいやることはできません。

力を過信すれば、思っていたよりできない自分に失望することにもなるでしょうし、力を低く見積もったら、できるはずのことなのにやらないということにもなる。どちらも精いっぱいではありませんね。

正味の自分を見つめて、精いっぱいやる。それを**「身の丈《たけ》で生きる」**というのです。

捨て去りたい「迷いの心」には——

「禅の修行をすると、迷いがなくなるのですか？」

そんな問いかけをしばしばされます。禅にはよほど「力」があると思っているのでしょう。しかし、**修行をしたからといって迷いを捨てられるわけでもないし、迷いがなくなるわけでもありません**。

ただ、**修行を続けることによって、迷うことを怖れなくなる**、という言い方ならできるかもしれません。

禅には**公案**《こうあん》というものがあります。いわゆる禅問答《ぜんもんどう》で、師が出した問いに弟子が答えるのです。これがえらく大変。

もともと正しいひとつの答えなどないからです。そのない答えを求めて全身でとりくむのです。頭だけではなく、まさしく全身全霊でとりくみます。大袈裟《おおげさ》ではなく、精も根も尽きはてるという感じです。「考えても答えが出ない」と思ったとしても考えに考え、迷いに迷った末に、ようやく師から「まあ、そんなものか」といっていただける答えにたどり着く。徹底的に迷うなかで、かすかな出口が見つかるのです。公案とはそういうものです。

どこか人生に似ていると思いませんか？　**人生にも正解というものがありません。**だから、迷い抜くしかないのです。そして、たどり着いたところで生きていけばいい。

「とことん迷っているか」問うてみる

よく、迷ったときに誰かに相談をもちかけるといいますが、中途半端に迷った程度で「どうしたらいいのだろう？」などと相談されても、相談された側は困るのです。

とことん自分に問いかけて、とことん迷い抜いて、おぼろげでも「自分ならこうする」というところまでいってからでないと、相談になど乗れるわけもない。そこまでいってはじめて、できることがあれば手を貸せるということになるのです。

わたしの父の師であった山本玄峰《やまもとげんぽう》老師（静岡県三島市龍澤寺《りゅうたくじ》元住職）は**「鏡を見ろ」**ということをおっしゃっていたそうです。人間の感覚器官は、目にしろ、耳にしろ、鼻にしろ、外に向いていますから、自分自身を見たり、感じたりすることができにくいのです。

そこで、**「人の振り見てわが振りなおせ」**という諺《ことわざ》もあるように、他を通して自分を見ること、感じることも必要になってくるわけです。

鏡はもっとも身近な自分を見る道具です。だから、鏡を見てふっとわれに還《かえ》るということにもなるのです。

迷うということでいえば、鏡に映る自分を見れば、本当に迷い抜いているかどうかも、判断できるはずです。ぜひ、鏡の中の自分に問いかけてみてください。「とことん迷っているか？」……と。

「悩み」「苦しみ」から解放される方法

すでにお話ししましたが、「貪」「瞋」「癡」の三毒は煩悩の根源です。人の悩み、苦しみ、不安……といったことも、そのもとをずっとたどっていけば、三毒にいたるといっていいでしょう。

人は悩みや苦しみ、不安を抱えていると、そこから自由になりたいと考えるわけです。さて、その自由ということですが、通常は何か自分を縛りつけているものから解放されることだ、という捉え方がされています。

しかし、**自分を縛りつけているのは「何か」などではありません。ほかならぬ自分自身なのです。**悩みも苦しみも不安も、外側からもたらされるものではありません。

自分がそこに自分を縛りつけている、自縛《じばく》しているのです。

それらに苛《さいな》まれている姿は、自分の影に脅えているようなものです。逃げても逃げても、影は追いかけてきます。しかし、しっかり立ち止まって、正面から影と対峙すれば、「なぁんだ、影だったのか」ということがわかるのです。

受け容れたら、自由になる

悩み、苦しみ、不安もまた同じです。対峙するとは、それらを受け容れることです。**「生老病死《しょうろうびょうし》」**を**四苦《しく》**といいますが、たとえば、老いることについていくら悩んだとしても、老いがそこで止まってくれるわけではないし、ましてや若返るなんてことはあり得ません。

病にしても、病気にかかることを不安がったら、かからないですみますか？　何をしようが、病気にかかるときはかかるのです。

悩めば悩むほど、不安を募らせたらそのぶんだけ、苦しみは増すばかりとなる。だから、**受け容れたらいいのです。それは、自縛を断ち切ることでもあります。**受け容れることによって、縄がプツンと切れるのです。

「体力が衰えてきて、無理が利かなくなったなぁ。さぁ〜て、そういう自分で一所懸命生きていくか」

それが老いを受け容れている姿です。老いへの悩みという、自分を縛りつけている縄を、みずからが断ち切っているといってもいいでしょう。そこには悩みからひとつ自由になった自分がいます。

禅でいう**自由**がまさにそれです。「自（分）」に「由《よ》（る）」。自分を拠り所にして生きる。何もかもが自分にかかっているのです。

別の言い方をすれば、**〝自分次第〟で悩まない自分にも、不安を抱かない自分にも、苦しまない自分にもなれる**、ということです。

次章からは、三毒によって誰もが置かれている、あるいは置かれる可能性がある、具体的な状況を設定して、それとどう向き合うか、そこでどのように考えるか、そして、どう動くかを、禅の考え方をもとに明らかにしてみたいと思います。

一章

求めない

求める心を手放せば、
心配事は起こらない

1

一所懸命にまねたら、必ず、自分のものになる

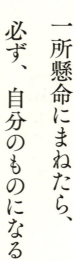

人生を素敵に生きている——みなさんの周囲にも、そんなふうに輝いている人や、まばゆい存在がいるかもしれません。

そんな人に対しては「あんなふうになりたい」という思いがある一方で、「なれない自分」が歯がゆいとも、情けないとも、感じているのではないでしょうか。

しかし、思っているだけ、感じているだけでは、何も始まりません。〝なりたい〟と〝なれない〟の狭間で心は乱れるばかりです。

何か欲しいものがあるとき、ただ「欲しい、欲しい」と思っていても苦しくなるだけでしょう。具体的に手に入れるための努力をしなければ、そこから離れることはできないのです。

動くしかない、頑張るしかありません。問題は**〝何〟を〝どう〟頑張るかです。**禅には**法友**《ほうゆう》、**道友**《どうゆう》という言葉があります。一緒に修行をしている仲間や先輩のことですが、そのなかに憧れの対象を見つけよ、ということがいわれます。

そして、その人を**「まねる」**。修行に向き合う姿勢、日常のふるまい……それこそ一挙手一投足をまねるのです。

一生マネれば〝ホンマもん〟になる

まねることに抵抗がありますか？　曹洞宗大本山永平寺《えいへいじ》の貫首《かんじゅ》をつとめられた宮崎《みやざき》奕保《えきほ》老師は、百歳を超えてなお、若い雲水《うんすい》と同じように修行を続けたことで知られていますが、こんなことをおっしゃっています。

「学ぶということは、まねをするというところから出ておる。一日まねしたら一日のまねや、それですんでしまったら。二日まねして、それであとまねをせなんだら、それは二日のまね。ところが、一生まねしておったら、まねがホンマもんや。だから、まねがまねになってしまわんようにすること、それが大事や」

まねをすることは学ぶことなのです。ひたすらまねをしていたら、まねすることを一所懸命に頑張ったら、それが自分のものになる。

何もせずにうらやましがっている場合ではありませんね。

いつも仕事で実績をあげている人がいたら、その仕事への取り組み方、仕事の手法をまねたらいい。いい人間関係をつくっている人がいたら、他人に接する態度、心配り、気配りをまねたらいい。自然に人の心を和《なご》ませるような、美しい言葉遣いをする人がいたら、その言葉の選び方、遣い方をまねればいいのです。

禅語にこんなものがあります。

「薫習《くんじゅう》」

もともとは、衣類の間にお香を入れておくと、いつのまにかその芳香が衣類に移るという意味ですが、ふるまいも考え方も、繰り返すことによって、身についていくということをいっています。

まねること、いや、学ぶことをはばかることなかれ、です。ぜひ、それを〝ホンマもん〟にしてください。

2

地位や名誉ではなく、裏にある努力・精進をリスペクトする

ビジネスパーソンは初対面で名刺交換をして、相手に「取締役」などの肩書きがついていると、少々、たじろいだりすることがあるようです。ましてや、相手が若い場合には、「この若さで!? すごい人だな」ということにもなるのでしょう。

肩書きや地位、名誉など意味がないというつもりはありませんが、たしかなことは、**どれにも実体がない**ということです。

取締役という肩書きがついたとしても、その地位にいるのはある一定の期間だけです。名誉は終生のものといっても、死ぬときにそれをもっていけるわけではありません。

こんな言い方をすると語弊があるかもしれませんが、たとえば、小学生のとき、運動会の徒競走で一等になったら、周囲は称賛してくれるし、自分も誇らしいでしょう。

突き詰めて考えたら、地位も名誉も、それとさほど変わらないものだと思うのです。過大に評価する必要はありません。

ただし、自分がいくら欲しいと思っても、手に入らないこともたしか。

ある地位についている、あるいは、何らかの名誉を与えられている、ということは、**それにふさわしい努力なり、精進なりが、その背景にある**ということです。言葉を換えれば、**努力、精進の結果としてついてくるのが地位であり、名誉**なのです。

ですから、表面にあらわれている地位や名誉にいたずらに惑わされることはありませんが、その裏にある、目には見えないその人の努力や精進については、リスペクトしてしかるべきでしょう。

臆することも、侮ることもしない

わたしの寺（全生庵《ぜんしょうあん》＝東京都台東区谷中）では、官僚の方たちが坐りに来る坐禅会がありますが、それに参加された一人からこんな話を聞いたことがあります。

各省庁には政治家が大臣や副大臣として入ります。官僚にとっては彼らが〝上役《うわやく》〟ですが、なかには自分よりはるかに若い上役がやってくることもあるわけです。

それでも、「誠心誠意お支えする」とその官僚は言うのです。

選挙で勝って国会議員になるには、十万票程度は獲得する必要があるでしょう。投票日に十万人に自分の名前を書いてもらうための努力は、並大抵のものではないはずです。さらには、時の首相から大臣として任命される（副大臣は大臣が任命）のは、やはり、相応の精進あってのことでしょう。

そのことに対するリスペクトがあるから、たとえ若輩であっても、官僚は支えることができるのだと思います。

政治家にかぎったことではありません、ビジネス界、芸能界、スポーツ界など、どんな分野でも、**地位や名誉を得ている人は、他に倍する努力や精進を重ねてきているのです。**そこに思いを馳せる。見えないものを感じていく。

それが、地位や名誉に臆することもなく、また、それらを侮《あなど》ることもしない、まっとうな捉え方ではないでしょうか。

3

仕事に
おもしろいも、つまらないもない

現在、自分が就いている仕事に満足している人はどのくらいいるのでしょうか。少なくとも、多数派ではないはずです。たいがいの人がどこかに「つまらない」「やる気がしない」といった思いをもちながら仕事をしている。

乱暴な言い方であることを承知で言いますが、**つまらなかったら辞めたらいい**のです。ただし、**その前にそもそも、おもしろい仕事、つまらない仕事というものがあるのかどうか、よく考えてみる**ことです。

わたしは大学を卒業してすぐに修行に出ましたから、就職した大学時代の友人たちとはまったく違った生活を送っていました。当時は日本経済も景気がよく、入社一、二年目でもけっこう仕事をバリバリこなしている雰囲気がありました。そんな彼らに、「おまえ、いま、何やってるの？」と聞かれ、「おれ、坐ってる。掃除してる」なんて答えるときは、正直、彼らの仕事がおもしろそうにも思え、自分はいったい何をやっているのだろう、という気持ちになったものです。

修行生活はおもしろいどころか、つらいことばかりです。しかし、それがつとめですからやるしかない。毎日、坐禅をし、掃除をし、作務《さむ》をする、という同じことの繰り返しですが、そんななかで、ふと気づくことがあるのです。

托鉢《たくはつ》に出かけたときのこと。野菜をつくっているおばさんが、「好きなだけもっていきなさい」といってくれたのです。丹精込めてつくった野菜、市場に出せば収入になります。その大事なものをただでくれるという。

おばさんは続けてこういいました。

「あんたらは、わたしができない修行をしているのだから、いくらもっていってもいいんだよ」

胸にズシンときました。つらい、つらい、と思っている自分が恥ずかしくなった。農家のおばさんに修行に打ち込むことの大切さを教えられた思いがしたのです。心にしみる気づきでした。

「気づき」の積み重ねで「受けとり方」は変わる

気づくことで人は変わります。その後、修行がおもしろくなった、とまではいいませんが、つらさを引き受ける覚悟めいたものができたような気がします。

仕事自体におもしろいも、つまらないもないのです。要は自分がそれをどう受けとるか。受けとり方ひとつでおもしろくもなるし、つまらないと感じることにもなる。**受けとり方を変えるのが気づき**です。たとえば、つまらないと思っていた仕事が、人から感謝されたらどうでしょうか。「こんな仕事なんて」というものから、「けっこう人の役に立っている。この仕事も捨てたもんじゃないな」というものに、思いが変わりませんか？　それは、仕事の意味に気づいたといってもいい。

「随処《ずいしょ》に主《しゅ》となれば、立処皆真《りっしょみなしん》なり」

臨済宗の開祖である臨済義玄《りんざいぎげん》禅師の言葉ですが、どんなところにいても、そこで全力を出し切れば、自分をまっとうできる、ということをいっています。**どんな仕事であっても、そのなかで自分をまっとうできたら、おもしろい、つまらない、などということにとらわれることはない**のです。

それをやるべき仕事と受けとって、そこに自分を投じてゆく。

すぐにはそうできないかもしれません。ひとつずつでいいのです。きっかけを逃さず、気づいていくということを続けましょう。

4

勝ちも、負けも、その場に置いていく

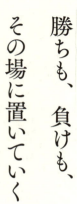

しばらく前にさかんにいわれたのが、勝ち組、負け組ということでした。受験の勝ち組、負け組、就職の勝ち組、負け組、結婚の勝ち組、負け組……。人生のあらゆるステージで、勝ちと負けが色分けされていた。

たしかに、社会の在り様が競争ということから離れられない以上、どんなことにも勝ち、負けという結果がともなうのがいまの時代でしょう。

しかし、いくら勝ちにこだわっても負けることはあるし、負けを覚悟していて勝つこともあるのです。

そこで、心得ておいて欲しいのは、**勝ちも、負けも、あくまで今の結果であり、一瞬先には過去のものになる**、ということです。

今日の価値、負けは昨日までの努力の結果です。

結果はどうあがいても変えることができません。大切なのは、その勝ちを、あるいは負けを、次にどうつなげるかでしょう。

結果はこだわるものではなく、受け容れるものです。

今日の「勝者」が明日には「敗者」に

たとえば、友人が一般的に一流とされる企業に就職したのに対して、自分は二流企業にしか入れなかった、といった状況があります。

そのとき、負けをいつまでも引きずって腐っているのは、過去に縛られていることにほかなりません。負けが次につながらない。

会社は二流でもそこで努力を重ね、スキルアップをはかって、一流のビジネスパーソンになることはできます。

かりに友人が一流企業にいることに胡坐《あぐら》をかいて、努力を怠ったとしたら、ビジネスパーソンとしては二流に終わるかもしれないのです。**勝ち負けはいつも〝逆転〟の可能性を孕《はら》んでいます。**

ある意味、人は、勝ち負けがあるからこそ頑張れるのかもしれません。

勝ったときの喜びをもう一度味わいたいから、負けたときの悔しさをバネに。人はそうやって努力を続けていくものです。

勝ってその瞬間喜びにひたるのはいい、負けて悔しさを噛みしめるのはいいのです。しかし、いつまでもその思いを貪っていてはいけない。すぐにもその場に置いていくことです。

そして、次に自分にできる精いっぱいのことを考え、行動に移していく。次につなげるとはそういうことです。

5

〝ダメ〟評価は、〝見込みあり〟の別表現

誰にでも自分の仕事を高く評価されたいという思いはあるでしょう。同僚がいつも「よくやった」と評価されているのに、自分はいっこうに評価されることがなかったら、つらい気持ちになって当然です。

しかし、評価は、たとえば、上司など他人が下すわけですから、そこには恣意性《しい》が働きますし、情が絡んでも不思議はありません。早い話、相性がひどく悪い上司から高い評価を得るというケースは、きわめて少ないのではないでしょうか。

端的にいえば、**評価は所詮、「他人が勝手にする」ものだ**というくらいに、開き直っているのがいちばんいいのです。

評価を求めて、相手の機嫌をとったり、相手に媚《こ》びへつらったりするのは、生き方としてみっともないと思いませんか？

また、評価が低いことは、必ずしも悪いことではないのです。**仕事に〝ダメ出し〟されるのは、もっとよくなるという見込みを相手が感じているから**でしょう。禅の修行生活は、それこそダメ出しされることの連続で、褒められることなどまずありませんが、**叱られているうちが華**なのです。

叱ればなんとか禅宗坊主になれる、と師が見ているからこそ、厳しい声も飛ぶ。**何も言われなくなったら、見捨てられたことにも等しい**のです。仕事も同じです。

評価に振りまわされないコツ

もうひとつ知っておいて欲しいのは、何かの仕事について大目玉を食らったとしても、その評価はその仕事に限定されたものだということです。ところが、いったんどやしつけられると、自分のすべてが否定されたような気持ちになってしまうことがある。ここも注意が必要です。

大目玉も、きつい叱責も、仕事のいたらない部分を〝指摘〟されたに過ぎないのですから、反省すべき点を反省して、あらためればいいだけのことです。評価を拡大解釈してはいけません。

禅にはこんな言葉があります。

「他の謗《ぼう》ずるに従《まか》す、他の非《ひ》するに任《まか》す」

永嘉《ようか》大師という人がつくった『**証道歌**《しょうどうか》』にある一節ですが、他人が自分をどう誹謗《ひぼう》しようと、非難しようと、いうにまかせて、放っておけ、というほどの意味でしょう。さらにすごいのが次の一節、

「悪言《あくごん》は是功徳《これくどく》なりと観《かん》ずれば、此即《これすなわ》ち吾《わ》が善智識《ぜんちしき》と成る」

たとえ、自分に向けられた謂《い》われのない悪口であっても、「ありがたい言葉だなぁ」と受けとれば、自分をよいほうに導く智慧にもなる、ということですね。**悪口さえもプラスに転じてしまうのが禅の境地**です。

まあ、そこまではいかなくても、ここでお話ししたような「評価」の捉え方をしていれば、それに振りまわされることはなくなるはずです。

6

うまくいっているときこそ、足下をしっかり見る

仕事でも、プライベートなこと（たとえば、恋愛……）でも、うまくいったときは、「してやったり！」の思いで、少なからず、気持ちが高ぶります。

その高揚感の余勢を駆ってさらに欲を出すことを戒めているのが、よく知られることの諺です。

「勝って兜《かぶと》の緒《お》を締めよ」

しかし、成功したときは調子に乗っていい、欲を出していい、とわたしは思っています。いわゆる、**「イケイケどんどん」**を肯定したい。

人は本来ネガティブなものですが、成功は気持ちをポジティブにしてくれます。その機を逸してしまうのはもったいないではありませんか。

成功したときに湧き上がってくるのは、欲は欲でも「意欲」です。意欲をもってさらに何かに挑んでいくのは、けっして悪いことではないでしょう。中途半端に出る釘は打たれても、出すぎてしまえば打たれません。

ただし、こんな禅語があることも忘れないでください。

「看脚下《かんきやつか》」

自分の足下を見なさい、というのがその意味です。足下を見て、しっかり地についているかどうかをたしかめることは必要です。そのことなしに「イケイケどんどん」になってしまうのは危ない。

言葉を換えれば、意欲にまかせて突っ走る一方で、どこかに冷静な視点をもっていることといっていいかもしれません。

好意的「ではない」視線にこそ心配りを

仕事の実績がどんどん上がれば、気分はいいし、少々、鼻高々にもなります。そこで一気呵成《いっきかせい》に攻めに出るのはいいのですが、やる気がみなぎった熱っぽさだけでことにあたっていると、見落とすことがあるのではないでしょうか。

周囲に対する心配りがそれです。**成功者に対する周囲の視線は好意的なものばかり**

ではありません。むしろ、やっかみや妬みの視線を向けられることのほうが多いというのが実情でしょう。

「あいつ、このところ仕事で成績を上げているからって、いい気になっている」

「いかにも仕事ができるといわんばかりのあの態度が鼻もちならない」

といった塩梅《あんばい》。そんな反感が渦巻くなかで、心配りを忘れたら、結果はおのずから明らかです。視線はさらに冷ややかなものになります。へたをすれば足を引っぱってやろうとする人が出てくるかもしれません。

得意の絶頂にあっても、心配りに気づかせてくれるのが、冷静な視点です。

「いけない、いけない。自慢話は慎まなきゃ」

「挨拶《あいさつ》はふだん以上にしっかりしないと、(成功を）鼻にかけていると思われるぞ」

どこかに冷静な視点があれば、そんな心配りができる、どうふるまうべきかがわかるのです。足下を見るとは、そういうことでもあるのです。

「看脚下＋イケイケどんどん」。それが、意欲を活かす二要件です。

7

失敗にはいくら〝貪欲〟であってもいい

ものごとがうまくいかないときは、どうしても行動することを躊躇《ちゅうちょ》しがちになります。もちろん、慎重にことを運ぶのが悪いとは言いません。**「石橋を叩いて渡る」**という諺もある。しかし、失敗を怖れるあまり、叩いてばかりいて歩を進めないのでは、成功の可能性はゼロです。行動すれば何らかの結果が出るのです。かりにそれが失敗でもいいではありませんか。こちらにも**「七転び八起き」**という名言がある。だいいち、**人生がすべて順風満帆《じゅんぷうまんぱん》で一度も失敗していないなどという人はいません。**誰もが失敗のうえに成功を築いているのです。

発明王といわれたトーマス・エジソンはこんなことを言っています。

「わたしは失敗したことがない。ただ、一万通りのうまくいかない方法を見つけただけだ」

失敗をうまくいかない方法の〝発見〟と捉える。この発想は行動を促すエネルギーになりそうです。もうひとつ、エジソンの言葉を紹介しましょう。

「わたしたちの最大の弱点は諦めることにある。成功するのにもっとも確実な方法は、常にもう一回だけ試してみることだ」

これも至言。日本は何人ものノーベル賞受賞者を輩出していますが、受賞者たちは間違いなく、何度も何度も失敗を繰り返してきたのです。しかし、挑戦することを諦めなかった。受賞の栄光はその土壌がなかったらあり得なかったはずです。

とにかく動けば、成功に一歩近づく

とにかく即行動する。それが禅の考え方です。京都にある臨済宗の大本山妙心《みょうしん》寺を開いた関山慧玄《かんざんえげん》禅師にまつわるこんなエピソードが伝わっています。

禅師が弟子たちとともにあばら家暮らしをしていたある日のこと。にわかに雨が降ってきて、雨漏りがする。「誰か雨を受けるものをもってこい」。禅師はそう命じます。弟子たちが雨受けを求めて右往左往するなかで、一人の弟子がそばにあった笊《ざる》を禅師に差し出します。もちろん、笊が雨受けになるわけもありません。ほかの弟子たちは笊を差し出した弟子を冷ややかに見ていました。

ところが、禅師はその弟子を褒めたのです。「何か雨受けになるものはないか。何がいいだろう？」と考えてばかりいては、行動できなくなります。とにかく動いてみる。その結果、それが雨受けにならないとわかったら、さらに動いて別のものを探せばいい。禅師が弟子たちに言いたかったのは、そのことだったのです。

まず、行動して、失敗したら、次は違うやり方でやってみればいいのです。諦めずにそれを繰り返していけば、必ず、成功にたどり着きます。

恋愛だって、「どうすれば思いがうまく伝わるか？」と考えているうちは、何も起こりません。実際に告白してみるから、「この手はダメか。じゃあ、ちょっとアプローチの仕方を変えてみよう」とか、「ぜんぜん脈がないから、彼女は諦めよう」とか、次に打つ手が見えてくるのです。

失敗したって命までとられるってもんじゃあないし、回数制限もありません。**〝うまくいかない方法〟をひとつ発見すれば、一歩〝うまくいく方法〟に近づく**のです。

「よし、またひとつうまくいかない方法を見つけた！　しめしめ」

そう、その心意気です。**失敗にはいくら〝貪欲〟であってもいい**のです。

8

集中のキーワードは「ギリギリ感」

「もっと集中力があったらなぁ」

しばしばそんな言葉を聞きます。裏を返せば、人はひとつのことに集中するのが総じて苦手だということでしょう。

集中するとはそのこととひとつになることです。禅ではそれを**「三昧《ざんまい》の境地」**といいます。

坐禅をしているときも三昧の境地、すなわち、心も身体も坐禅とひとつになるのが理想ですが、なかなかそうできるものではありません。

もっといえば、ほんとうに集中しているときは、自分ではそれとわからないのです。あとになって、「ああ、あのときは集中していたんだな」と思う。それも当然、ひとつになっているわけですから、集中していることさえ意識されないのです。

集中していることを体感するには、まず、好きなことをやることでしょう。趣味でもスポーツでも何でもいい。たとえば、ゴルフの練習場でボールを打つ。夢中でボールを打ち続けていると、時間が経つのも忘れるということがあるのではないでしょうか。「あっ、もうこんな時間か」。そんなときは、三昧の境地に近い感覚になっていたといっていいと思います。

近頃は、子どもがゲームに没頭していてこちらが呼ぶ声も聞こえない、といったことがあるかもしれませんが、それもまた、三昧です。

自分を〝とことん〟追い込んでみる

仕事に集中したいというのであれば、自分を追い込むこともひとつの方法です。

作家さんにも締切間際になるまで原稿に手をつけず、そこから無類の集中力で一気に書き上げるという人がいるようですが、とことん追い込まれたという「ギリギリ感」は、否応なく、集中力を引き出すのではないでしょうか。

禅語に**「慈明引錐《じみょういんすい》（自刺《じし》）」**というものがあります。慈明という和尚が昼夜を問わず坐禅をしていた際、襲ってくる睡魔を払いのけ、一心に坐禅をするために、みずからの太ももを錐《きり》で刺したという話ですが、これも肉体をギリギリのところに追い込んで、坐禅に没頭したということでしょう。

またこんな禅語もあります。

「懸崖撒手《けんがいさっしゅ》」

険しい崖で岩肌をつかんでいる手を放すという意味です。

つまり、そのくらいギリギリの勇気をふるうことで、心を無にして修行に打ち込むことができ、真理にも近づけるということですが、この**「無心」**と集中はきわめて近い心境だと思います。

いずれにしても、安穏《あんのん》な状態で、のんべんだらりとしていては、集中することはできません。追い込んで、追い込んで、ギリギリ感を味わうところに、集中もまたある。

そういえば、そのことを示すうってつけの言葉がありました。**「火事場の馬鹿力」**。わが家から火の手が上がれば、心はギリギリのところに追い込まれます。そのギリギリ感がすさまじい集中につながり、到底もち上がらない簞笥《たんす》をもち上げる力を出させるのです。

9

行動するのに「やる気」はいらない

部屋の片づけでも掃除でも、「やる気がでないから、なかなかできない」という人がいます。そんな人のなかにあるのは、やる気が行動につながるはずだ、という考え方でしょう。

しかし、それはおおいなる勘違いです。

たしかに、やる気がでて行動につながるというのがいちばん良いとは思いますが、本来、**やる気と行動は関係がない**のです。行動するのにやる気はいらない、といったほうがいいかもしれません。

たとえば、朝起きるとき。誰でもまだ起きたくない、もっと寝ていたいと思うわけでしょう。そこで、〝起きる気〟になるのを待っていたら、いつまでたっても起きられません。

昨日寝るときに、今日の予定を考えて目覚まし時計をセットしたのです。ですから目覚まし時計が鳴ったらスパッと起きる。それ以外に手立てはありません。一事が万事ですね。

片づけにしても、掃除にしても、ダイエットも、ウォーキングも……およそ、あらゆることは、まず、行動ありきでなければ実現しないのです。

片づけだったら、テーブルの上に乗っている雑誌をマガジンラックにしまうという行動から始まる。

掃除なら、掃除機を手にするという行動から始まるのです。

そして、いったん行動してしまえば、段取りも生まれ、部屋は片づき、掃除も完了するのです。

さあ、やる気は必要だったでしょうか。

「やる気がする仕事」など夢でしかない

やる気と行動を結びつけるのは、やらないことの言い訳でしかない、とわたしは思っています。

「こんな仕事はやる気がしない」という人がいますが、では、いったいどんな仕事ならやる気がするのでしょうか。

かりに転職をして別の仕事に就いたとしても、やる気がしない状態は続くに決まっています。やる気がする仕事など、いくら探したところで、見つかるわけがないのです。

しかし、あなたの目の前には、いまやらなければいけない仕事はあるはずです。

人ができるのは、いま目の前にある仕事に必死で取り組むことだけです。

みなさん、いつまでやる気にこだわって、行動しない人でいるつもりですか？

10

物欲は「捨てる」のではなく、「活かし方」を考える

インターネットが普及して、買い物のスタイルもすっかり様変わりしました。かつては、直接、店舗に出向くしかなかったわけですが、テレビ・ネットショッピングが展開され、いまは簡単に欲しいものが手に入れられる時代になっています。

それだけに、「欲しい」という思いは刺激される。次から次に湧いてくる物欲はどうしたらよいものでしょうか。

「禅のお坊さんのいうことだから、どうせ、物欲はもつなということなんだろう」

たしかに、禅の本分は簡素にあります。こんな禅語もあります。

「放下《ほうげ》着《じやく》」

捨てて、捨てて、捨てて切ってしまえ、という意味です。物欲は捨てるべき最たるものといいたいところですが、ふつうに現代を生きている人にそんなことができるわけがありません。わたしも無粋なことはいいません。

物欲をもってもいいではないですか。欲しいものがあったら買えばいいのです。それだけのお金があればいくら買ったっていい。欲しいものを手に入れたら、心が豊かになるかもしれません。気持ちが前向きになったり、明るくなったりすることもあるでしょう。それは物欲を上手に活かしているということになりませんか？

ただし、「これいいな。買っちゃおう」「あれ素敵。買うわ」という衝動買いはいけません。**衝動買いは習慣化します。**欲しいと思ったら、何がなんでも買わずにはいられなくなる。そうなったら、物欲に歯止めはきかないのです。

欲しいと思ったら、じっくり吟味して買う。これが原則でしょう。

たとえば、ブランド品でも、ネットで見てすぐに買うのではなく、実際にショップに行って手にとってみるという程度の〝じっくり〟は不可欠です。

吟味して買ったものであれば、大切に使いますし、愛着も湧いてきます。少なくとも、すぐに飽きがきてブランドのバッグをいくつも買うことにはならないでしょう。

それは自分の「範囲内か」を考える

もうひとつ原則があります。**買える範囲を超えない**というのがそれです。カードの支払いができなくなる、借金をしてまで買うというのは範囲を超えています。

それでは、生活を切り詰めて資金を捻出《ねんしゅつ》するというのはどうでしょうか。切り詰めるのは自己努力ですから、範囲内ともいえますが、たとえば、食費を切り詰めて欲しいものを買ったとして、物欲をうまく活かすことになるでしょうか。

まともな食生活をしなければ、健康面、美容面にも支障が出てくるのは、いわば必然です。もし、肌が荒れ、体調もすぐれないようなら、念願のバッグを手に入れても、心が豊かにも、気持ちが前向きにも、明るくもならないと思うのです。

また、男性も女性も、おしゃれに関するものが欲しいのは、他人から魅力的に見られたいという思いも多少はあるからでしょう。その思いに反して、

「おしゃれはおしゃれだけど、あんなに不健康な感じじゃあ、ちょっと願い下げだね」

他人の評がそんなものだったら、せっかくの自己努力も裏目に出ることになります。これも、物欲を活かしているとはいえませんね。

生活を切り詰めることが、範囲内なのか、それとも範囲を超えているのか、その判断はおまかせするしかありませんが、ここもじっくり考えるべきところです。

11

お金に対する欲にも、「小欲」と「大欲」がある

人が生きていくうえでなくてはならないのがお金です。日々、食べていくことはもちろん、欲しいものを手に入れることも、優雅な生活をすることも、やりたいことをすることも、お金がなくては叶いません。お金に対する欲はあって当然でしょう。

わたしが修行した龍澤寺を創建された江戸時代の禅僧、東嶺《とうれい》禅師の書かれた『宗門無尽燈論』という書には、こんな言葉があります。

「君子《くんし》財《ざい》を愛す」

徳の高い立派な人は財産を愛するのだということです。ただし、この言葉には続きがあります。

「これを取るに道あり」

お金を得るにはおのずから道というものがあるという意味。道とは道理ということですから、道理を外れた方法でお金を手に入れてはいけないということです。法律に触れることは明らかに道理から外れますが、道理の範囲をどう考えるかは、人それぞれでしょう。

お金のためなら他人を裏切ることも、踏みつけにすることも躊躇《ためら》わないという人は、それも自分のなかでは道理を外れていないと思っているわけです。ただし、お金をどのようにして手に入れるかに、その人の人間性が如実にあらわれるということは、知っておくべきでしょう。

「他人からどんな人間だと思われようと関係ない。とにかく、金を稼いだものが勝ちじゃないか」

そう考えるのであれば、そうすればいい。事実、そういうタイプの人も世の中にはたくさんいます。しかし、そうした我欲（強欲といってもいいのですが……）はちっぽけな欲です。

小欲か大欲かは「人の目に映る」もの

こんな言葉があります。

「小欲を捨て、大欲に立つ」

なりふりかまわずお金を稼ぎ、**「自分のためだけ」**に使うというのは**「小欲」**、つまり、捨てるべき欲なのです。それに対して**「大欲」**は、文字どおり、はるかにスケールが大きい。仏教的にいえば、**真理に沿った欲、永遠の普遍性をもった欲**といってもいいでしょう。

たとえば、**「世の中のため、人のため」**になる商品をつくる企業を立ち上げる、企業とまではいかなくても、町工場を建てる、研究機関を設立する、子どもたちに自然を体験させるための施設をつくる……。そんな目標をもって、お金を手に入れようとする欲は大欲といえるでしょう。

それは立つべき欲、すなわち、もってしかるべき欲なのです。小欲、大欲の別ははっきりと人の目に映ります。誰からも見られている。それをしっかり胸に刻んで、お金について考えたらどうでしょう。

12

できることは、
その瞬間、その場所にしかない

「腰が定まらない」という言葉があります。何をやっても長続きせず、ほかのことに目が向いてしまうということです。

長続きしないのは問題ありだと思いますが、たしかに、人には自分のいる場所以外に目が向くところがあるようです。しかも、そちらのほうがよく見える。

いわゆる、**「隣の芝生は青い」**というやつです。

わが家の庭の芝刈りをしながら、ふと、隣家の芝生を見て、「なんだ、うちの芝より青々としてるじゃないか」と思うわけですが、実際は両家の芝生の青さは同じ程度なのです。

仕事でも、友人の会社の話を聞くと、「なんだ、うちの会社より待遇もいいし、仕事もラクそうじゃないか」となる。

まあ、いろいろな方面に目を向けることは、悪いことだとは思いませんが、いくら目を向けようと、**自分がいられる場所はたったひとつしかない**のです。

身体はひとつしかないわけですから、自分の会社にいながら、同時に青く見える友人の会社にもいるということはできない。きわめて当然の話です。

ですから、目がどこを向こうが、心がどこを彷徨《さまよ》おうが、身体はそこにしかいられない、そこに落ち着いているのです。

いまいる場所で精いっぱいやる

どうしてもそこでは落ち着かないのであれば、自分の会社を辞めて、友人の会社に移るしかありません。禅にこんな言葉があります。

「即今《そっこん》、当処《とうしょ》、自己《じこ》」

〝たったいま〟〝その場所で〟〝自分が〟ということですが、その瞬間に、自分がいるその場所で、やるべきことを自分自身でやる。それがもっとも大切なのだ、ということをいっています。

人ができるのはそれしかないのです。

「あいつの会社でだったら、もっといきいきと働けるのになぁ」

そう思ったところで、あいつの会社は、その瞬間、自分がいる場所ではないし、当然ながら、自分のやるべきことも、あいつの会社にはないのです。だったら、その瞬間は、いまいる場所で、自分がやるべきこと、できることを精いっぱいやるしかない、ということになりませんか？

いまできることを精いっぱいやっているという前提があれば、どこに目を向けるのも、心を彷徨わせるのも、まあ「いいんじゃないの」ということです。

13

執着してもいい、
自分を「転じる」ことが
できるのであれば

世の中には思い通りにならないことがたくさんあります。いや、思い通りにならないことだらけといったほうがいいかもしれません。

とりわけ、人間関係は相手がいるわけですから、自分だけではどうにもならない。それが、悩みや苦しみのタネにもなるのです。

思いを寄せる相手がこちらに振り向いてくれない。ザラにある話です。しかし、どうしても自分の思いを断ち切れない。その相手に執着してしまうということですが、これもよくあるケースでしょう。

執着を捨てられないなら、背負っていくしかないですね。思いが断ち切れないのだったら、思い続けたらいい。相手を思うことは、自分だけの問題ですから、別に相手に迷惑をかけるわけでもないし、周囲を騒がすことになるわけでもありません。

もちろん、相手を振り向かせるために、行動するのもおおいにけっこう。ただし、ものごとには限度があります。頻繁に電話をかけるとか、家の近くで待ち伏せるといった行動は明らかに限度を超えていますし、もはや、はっきりストーカー行為の領域です。

限度をわきまえたうえで動く。その際のポイントになるのは、振り向いてもらえなかった自分に、**転じられる部分はないかを考えてみること**でしょう。下手な鉄砲も数撃ちゃ当たる、とはいうものの、それまでの自分のままで、再アタック、再々アタックをしても、振り向いてくれる確率は低いからです。

己の「転じる努力」なくして、相手の心変わりはない

自分では男らしさと信じて疑わなかった「豪毅《ごうき》さ」を、相手が「がさつ」と感じているフシが見受けられたら、少々はソフトな対応ができる自分に転じる。「心配り」をあらわすものと思っていたふるまいが、相手にとっては「お節介」と受けとられている感じがあったら、少し控えめなふるまいをする自分に転じる……。

そうした**自己転換**（自己研鑽《けんさん》といってもいいと思いますが）は、相手の心をつかむための、少なくとも、一助にはなるはずです。

また、相手の趣味趣向を〝研究〟することも必要かもしれません。食べものひとつにしても、根っからの和食党の相手をイタリアンレストランでのデートに誘ったら、これはハナから分が悪い。趣味でも、インドア派の相手に、「おれ、釣りが好きでさ。

今度一緒に行かない?」では、「遠慮しておきます」となる可能性は大でしょう。

自分は何も変わらずに、相手に〝心変わり〟させるなど、あまりに都合がよすぎます。それ相応の転じる努力はしてしかるべきです。もっとも、

「相手に合わせて自分を変えるなんて、潔《いさぎよ》しとしない」

そう反論する人がいるかもしれません。次の禅語を紹介しましょう。

「不識《ふしき》」

これは、禅宗の宗祖である達磨《だるま》大師が中国を訪れ、宮殿に招かれて梁《りょう》の武《ぶ》帝《てい》と問答をした折、武帝に、「おまえはいったい何者なのだ?」と問われて返した答えですが、その意味は、「そんなこと、わしは知らん」ということです。自分が何者であるかなんて、なかなかわかるものではないのです。確固たる自分などない。ならば、変わること、転じることに、抗《あらが》う意味などどこにもないではありませんか。

思いを寄せる相手にとって魅力的な自分に変わることを潔しとしないなら、恋愛はしばし〝お預け〟にしたほうがいいですね。

14

老いを、衰えや醜さではなく、変化と捉える

老いを怖れる人は少なくありません。

歳を重ねれば、若い頃のような馬力、体力はなくなりますし、身体の動きも軽やかさを失います。また、肌の衰えや体型も変化します。

「ああ、この肌のたるみ、ぽっこりお腹。醜くなっちゃった」

そんなため息がしばしば口をついて出る。肌がたるむ、お腹まわりが太くなる、醜くなる……。すべてその通りです。

「生者必滅《しょうじゃひつめつ》」

この世に生を受けたものは、必ず、滅する（死ぬ）のです。そして、生から滅の間、人は常に移り変わっています。

そのことをいっているのが次の言葉です。

「諸行無常《しょぎょうむじょう》」

これは仏教のもっとも根本をなす考え方で、**この世にあるあらゆるものは、常に移ろっていて、一瞬たりともとどまってはいない**、ということです。この天地の道理、大宇宙の真理には誰も逆らうことができません。

つまり、ハリがあった若い頃の肌がたるんできたのも、スッキリしていたお腹がポテッとしてきたのも、真理に沿った姿なのです。

「歓迎すべき変化」もまた必ず起きている

とはいえこれを素直に受け容れることはいかんともし難い、と感じているかもしれません。ですが、考え方には二通りあると思います。

衰え、醜さととるか、変化と捉えるかです。

前者の受けとり方をすれば、受け容れ難いという思いになるかもしれません。しかし、後者、すなわち、必然の変化と捉えたら、受け容れられる、あるいは、受け容れるしかない、という気持ちになれないでしょうか。

しかも、変化したのは肉体的なものだけではありません。精神的な面でも大きく変化しているはずです。

若い頃に比べてものごとを穏やかに受けとめることができるようになった、耐久性が増した、ものごとに動じなくなった……などなど、老いたればこその変化が起きている。

それらは歓迎すべき変化、**人としての器量を広げてくれた変化**であることは、いうまでもないですね。

肉体的には〝悲しい〟変化をしたかもしれませんが、それを補って余りある〝すばらしい〟変化もしているのです。「身心ともにすばらしい変化がいい」というのは悪あがき、欲ばりすぎというものです。

さあ、すばらしさのほうに目を向けて、老いをゆるりと楽しみませんか？

15

「目安」を決めて仕分けし、迷わず捨てる

現代人に共通するライフスタイルの特徴をひとつあげるとすれば、あふれかえるモノに囲まれて暮らしているということになるでしょう。
そこで、モノが多すぎて整理整頓できないことにもなる。当然、生活は空間的にも精神的にも窮屈になるわけです。

禅の考え方はシンプルです。

モノが多すぎて整理できないなら、捨てればいい。

最近は身のまわりのモノをできるかぎり減らし、必要最小限のモノだけで暮らす人たちを「ミニマリスト」と呼ぶそうですが、今後のライフスタイルの主流になりそうな気がします。

捨てるには自分のなかで一定の目安をもつことです。

たとえば、一年間、まったく使わなかったモノ、着なかった衣類は捨てるというふうに、期間を区切ってモノを仕分けするのです。みなさんの経験からしても、一年間、放置していたモノを、「そういえば、あれがあったな」と、突然、思い出して、使ったり、着たりすることは、まず、ないのではありませんか。

それら、**スペースを占領しているだけの死蔵品**を捨てることで、空間的にも精神的にも余裕が生まれます。

モノが整えば、心も整う

しかし、モノが少なくなっただけでは、心地よい暮らしとまではいきません。空間的には広々していても、テーブルの上に雑然とモノが置かれていたり、床にリモコンが散乱していたりしたのでは、気分が悪いでしょう。

先ほどご紹介した宮崎奕保《えきほ》老師はこうおっしゃっています。

「だから、モノを置いても、ちぐはぐに置くのと、まっすぐに置くのと、すべて心があらわれておるんだから、心がまっすぐであったら、すべてのモノをまっすぐにする必要がある」

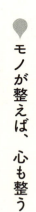

モノをどう扱うか（置くか）に、心があらわれているのです。モノが雑然と置かれているのは、心が穏やかでなく、どこか騒いでいるからですし、散乱しているのは心に乱れがあるからです。

逆にいえば、**モノをきちんと整頓することで、心も整ってくる**ということです。

ただし、整頓というのは、本はとにかく本棚に差し込み、デスクまわりのグッズは引き出しにしまい込んで、見た目が綺麗になっていることではない、とわたしは思っています。

優先させるべきは自分にとっての「使いやすさ」でしょう。

しまわずに目につくところに置いておいたほうが使いやすいモノは、そうしておけばいいし、積んでおいたほうが便利だと思う本は積んでおけばいいのです。つまり、自分流の整頓を考えればいいということですね。

もちろん、それも〝整っている〟という範囲内であることが条件ですが……。

16

五感を働かせれば、
退屈な日など
一日としてないと気づく

人生は山あり谷ありですが、日常の一日一日にフォーカスすると、ほとんど同じことの繰り返しで退屈に思えるかもしれません。

「あ〜あ、今日もまた昨日と同じことが続くのか。判で押したような毎日って、なんてつまらないんだろう」

そんなため息が出る。思い当たるという人は少なくないはずです。

しかし、日常生活にそうそう、刺激的なことが起こるはずもないのです。刺激が欲しいといいますが、毎日が思いがけないこと、思いもよらないことの連続だったら、心はもちません。疲れはててしまいます。

退屈に思えるのは、刺激がないからではないのです。**自分の五感を十分に働かせていないこと**が、その原因です。こんな言葉があります。

「日に新たに、日々に新たにして、また日に新たなり」

わたしたちは、毎日、新たな日を迎えています。昨日と同じ今日はないし、今日と同じ明日もありません。新しい日が常に訪れているのに、退屈だなどということがあるでしょうか。

新しさを感じとるのは五感です。

たとえば、最寄り駅までの道を歩きながら、五感を働かせていれば、木々のつぼみがちょっとふくらんできたことが感じられる、舗道の落ち葉が昨日より少しだけ厚みを増したことが感じられるのです。

「たしかに時は移ろっているのだなぁ」

そんな感慨が心に流れ込む瞬間は退屈なものですか？

見なくても音で、聞かなくても表情でわかる

修行中にこんなことがありました。

わたしが米を研《と》いでいたとき、いきなり先輩の声がしたのです。「なんだ、その米の研ぎ方は！」。先輩は後ろを向いて炒めものをしていて、わたしを見ていたわけではありません。「研ぎ方っていったって、見ていないじゃないですか」とわたしが言

うと、「音でわかる」とピシャリと言われたのです。

五感を働かせていれば、音からでもどんな米の研ぎ方をしているかがわかるのです。ちょっとした変化を感じとることができる。新たな日々を、その変化を感じることなど造作もありません。

仕事の場面でも、上司の指示を漫然と受けとっているのと、五感を働かせて受けとるのとでは違ってきます。表情ひとつ、言い方ひとつから、言葉の背後にある深い意を汲みとることができるのです。

「資料づくりを頼む」

「そうか、あの言い方は急いでいるな。早急にそろえるとするか」

という塩梅です。

無聊《ぶりょう》をかこっている場合ではありません。目、耳、鼻、舌、身（触覚）を十分に開いて、すぐにも〝脱退屈〟に踏み出しましょう。

17

過去は「放っておく」か、「活かす」かしかない

人は毎日さまざまな経験を積み重ねながら生きています。

経験のなかには楽しいもの、心弾むものもあれば、気持ちが沈むもの、つらいものもあるでしょう。いつまでも引きずってしまうのは後者かもしれません。

実際、相手からひどい仕打ちを受けた失恋経験などがあると、なかなかそこから抜け出せないといった話を聞いたりもします。しかし、ある意味でそれは仕方のないことでしょう。

誰もが過去を引きずって生きているのです。

今日の自分は昨日までの〝結果〟です。昨日までの一切合切の経験を背負って、いまの自分がいる。

しかも、過去は絶対に変えることはできません。ここが大事なところです。

重要なのは「いま」を生きること

変えられないことは、放っておくか、次に活かすか、そのどちらかしかありませ

ん。

つらい過去の記憶も放っておけば、次第に薄れていくもの。手ひどい失恋の心の傷だって、時が経つにつれて疼《うず》きは小さくなります。

過去の活かし方もいろいろある。

たとえば、失恋なら、異性を見る目をもっと養うとか、恋愛関係になるまで慎重にかまえるとか、独占欲を抑えるようにするとか、相手に甘えすぎないとか……。失恋の経緯を振り返ってみれば、次に活かすべきヒントはいくらでも見つかるはずです。

「而《に》今《こん》」

これは道元禅師の言葉で、このまま、重要なのは「いま」ということです。

わたしたちは、いまを生きているようで、実はそうではないときのほうが多いのです。

禅でよく「悟り」という言葉を使いますが、漢字であらわす場合、もうひとつ「覚り」と書く場合もあります。

夢から覚めるという意味です。

夢とは、過去と未来です。いつまでも過去や未来のなかにいるのは、夢をみているのと同じことです。

早く夢から覚めて、いまを生きることが大切です。

その視点から考えたら、過去に振りまわされることも、縛られることもありません。

18

お金のない現状は自分の選択の結果

最近よく耳にするのが「ワーキングプア」という言葉です。仕事に就いていながら貧困の暮らしを続けざるを得ない人たちのことですが、夭折《ようせつ》の詩人（歌人）石川啄木《いしかわたくぼく》は、はからずもその心境を詠んでいます。

「はたらけど　はたらけど猶《なお》　わが生活《くらし》　楽にならざり　ぢつと手を見る」

遠く歳月を隔てた令和の世に、自分と同じ思いをもつ人が出現するとは、彼《か》の詩人も想像しなかったでしょう。

ワーキングプア対策は政治、あるいは経済界の課題ということになるのだと思いますが、現在、ワーキングプアの状況にある人には、〝**自己責任**〟という部分もあるのではないか、とわたしは思っています。

あえて冷たい言い方をすれば、それまでのいろいろな局面で自分なりの選択をしてきた結果、ワーキングプアになっているわけでしょう。生まれ落ちたときに、すでにワーキングプアへの道が敷かれ、その道を一直線に歩いてきたという人はいないはずです。

ワーキングプアになる背景のひとつに学歴があるかもしれません。家庭の事情などで進学を諦め、中学を卒業して社会に出て以降、フリーターを続けてくるしかなかった、といったケースもあるでしょう。

しかし、社会に出る局面ではいくつかの選択肢があったはずです。

たとえば、定時制高校に通うという選択。それを選んでいれば、さらに大学進学への道が拓《ひら》けた可能性は小さくはありません。実際、そうした選択をして大学を卒業し、ビジネスパーソンとして活躍している人はたくさんいると思います。もちろん、彼らはワーキングプアではありません。

あるいは、職人さんの世界に入るという選択もあったでしょう。その世界で腕を磨き、一人前の職人さんになっていたら、同世代のビジネスパーソンより多くの収入を得ることもできていたのではないでしょうか。

もちろん、そんなものは机上の空論で、現実は選択の余地などなかったのだといわれれば、そのまま受けとるしかありません。反論するだけの知見がわたしにはないからです。

そのうえでさらにいえば、**選択をする局面はこれからも何度もあります。**そこでどんな選択をしていくかで、ワーキングプアである自分を変えることは、必ず、できるのだと思います。

お金を持てば相応の苦しみがある

お金についてもう少しふれておけば、たしかに、金銭的に余裕がないのは苦しいことです。しかし、巨額のお金を動かす大企業の経営者にも別の苦しさがあるのではないでしょうか。

投資にしても、新規事業の展開にしても、自分が判断を誤れば、何千人、何万人の従業員とその家族が路頭に迷うことにもなりかねない。

その責任を背負っているということの苦しさも、はかりしれないものだと思います。

19

尽くすのは「自分のため」だと知る

他人のために何かをしている、相手に尽くしている、ということをいちばん実感するのは、恋愛をしているときかもしれません。

相手に喜んでもらうことだけを考えてデートプランを立てたり、プレゼントを準備したり。もちろん、会っているときは相手に対する気配り、心配りもあらんかぎり発揮するし、相手が望めばどんなことにも応えたいと思う。

しかし、ふと、こんな〝疑念〟が頭をよぎります。

「自分がこんなに尽くしているのに、相手は自分を大切にしてくれていないのではないか?」

自分が尽くしているのと同じように、相手にも尽くして欲しいと考える。いわば、見返りを求めるわけです。「give and take」という言葉もありますから、それは当然のことのようにも思えますが、禅にはこんな話があります。

先ほどもお話しした達磨大師と梁の武帝との問答です。武帝は仏教への造詣《ぞうけい》も深く、数多くの寺院を建立《こんりゅう》し、みずからお経の勉強をし、たくさんのお布施をしてきた人です。その自負があって、大師にこう問うのです。

「（仏教興隆《こうりゅう》に尽力してきた自分には）どんな功徳があるか」

それに対する大師の答えはこんなものでした。

「無《む》功《く》徳《どく》」

何の功徳もない。武帝の失望は想像して余りありますが、ここに見返りを求めることへの答えがあります。

尽くすのはあくまで自分の問題であり、もっといえば、自分のためであって、相手に何ごとかを求めるのは筋違いだということです。

実際、自分が尽くしたいから尽くしているわけでしょう。尽くしたくなければやめたらいい。

「見返り」を求める気持ちがおきたら

本来、誰かに尽くすというのは自分の喜びのはずなのです。

尽くしたいと思える相手がいるのは幸せなことではないですか。相手がいなければ、どんなに尽くしたいと思っても、その思いを遂げることができないのです。そこに考えがいたれば、見返りなど、功徳など、求める気持ちはなくなるのではないでしょうか。

こと恋愛にかぎらず、生きるということは「労して功なし」なのです。あるはずのない功を求めるから、労を厭《いと》うようにもなる。一所懸命に生きることができなくなるのです。

織田信長、豊臣秀吉の後を受けて真の天下人となった徳川家康の遺訓に次の言葉があります。

「人の一生は重荷を負うて、遠き道を行くが如し」

天下人にして、人生は労に埋め尽くされているのです。これは噛みしめるべき名言でしょう。とりわけ、「わたしはこんなに尽くしているのに」なんて思いにとらわれそうになったときには……。

二章

怒らない

行き場のない感情は、
あるがまま認めればいい

20

怒りが湧きそうになったら、ひと呼吸おいて立ち止まる

人は日々、数多くの雑多な言動に触れます。

家族の言動、会社の人たちの言動、プライベートなつきあいの友人、知人たちの言動、メディアから発信される言動……。それらはさまざまな感情をもたらすことになります。

なかにはこんな感情をもっている人もいるでしょう。

「最近、見聞きすることにいちいち腹が立つな」

家族のふるまいが気に障ったり、同僚の言葉が神経を逆なでしたり、友人の言い方にカチンときたり、テレビのコメンテーターの発言に反感を覚えたり、といった塩梅ですね。

他人の言動に腹が立つのは、相手の言葉やふるまいが間違っている、自分には納得できない、と思うからでしょう。

「なるほど、おっしゃるとおり」「まさに場を読んだふるまい」という受けとめ方ができる言動について、怒りが湧いてくるという人はいません。

間違っていると思うのは、「自分が正しい」という思い込みがあるからです。しかし、自分が正しいとする根拠は、それほどたしかなものなのでしょうか。

自分の正しさは意外に「怪しい」

たとえば、友人たちとの飲み会で持論を展開したものの、お開きになって自宅に戻ってから、「勢いであんなことをいってしまったけれど、ちょっと無理がある意見だったかな」「あれは何がなんでも言いすぎだった」という気持ちになることが誰にでもあるはずです。

つまり、自分の言動の正しさに、みずから〝疑問符〟をつけているわけです。そんなことは日常茶飯事なのではないでしょうか。

自分の正しさとは、その程度のもの、そう、けっこう怪しいものなのです。これは腹に置いておく必要があります。

自分の正しさについて、一度立ち止まって考えてみる。すると、心の許容範囲が広がります。

自分の考え方（ふるまい方）とは違っていたとしても、そういう考え方もあるな、という受けとめ方ができるようになるのです。怒る要素がなくなるといってもいいでしょう。

立ち止まるために有効なのが**禅の呼吸**です。

下腹（丹田《たんでん》）を意識して、鼻から息をほそく、長く吐き出し、吐き切ります。吐き切ってしまえば、吸うことは意識しなくても、自然に空気が入ってきます。その際、ひと呼吸ごとに「ひと～つ」と心のなかで数える。これは**「数息観《すそくかん》」**と呼ばれる呼吸法です。

数回この呼吸をしてみてください。心が落ち着いてきて、怒りの感情の〝着火〟が抑えられます。

怒りは行動のエネルギーになりますが、それだけに危険も孕んでいます。**怒りをもとにした行動は自分の身を焦がすことにしかならない**からです。そのことは肝に銘じておきましょう。

21

我慢、忍耐は最高の修行

世の中には損な役まわりというものがあります。

いつも面倒な仕事をするハメになる、友人たちの間でなぜかいつも自分に世話役的なことがまわってくる、身勝手な恋人に自分が合わせている……。そんな人はこんな思いをもっているかもしれません。

「わたしだって好きでそうしているわけじゃない。仕方がないからやっているのよ。なんで、わたしだけがいつも我慢しなくちゃいけないの！」

我慢することは、他人の犠牲になること、自分だけ損を引き受けること、というふうに感じているわけです。

しかし、そうでしょうか。禅の修行の話をすると、修行道場で口を酸っぱくしていわれるのが、「我慢」「忍耐」の大切さなのです。

それは、修行だから特殊な状況じゃないか、と思うかもしれませんが、わたしが子どもの頃は、家庭でも同じように「我慢しなさい」「忍耐しなさい」ということがいわれていたものです。日本ではそれらが伝統的な〝美徳〟とみなされていたからです。

しかし、時代はすっかり変わって、我慢も忍耐も人として必要な素養という考えはなくなっているように見えます。それがどんな事態を引き起こしているでしょうか。

我慢できずにすぐにキレることによる事件や犯罪が多発しています。忍耐が足りないことで、家庭内の揉め事も増えているし、「えっ、そんな些細なことで!」という理由であっさり離婚してしまう夫婦も珍しくなくなっている。

入社して間もなく、仕事のなんたるかもわからないうちに、会社を辞めてしまう若い世代の多くも、明らかに忍耐不足でしょう。

それらは望ましい事態ですか? 我慢、忍耐が忘れられた社会は、ゆとりも、潤いもなくした、とわたしには思えます。

選ばれた人だけに与えられる「徳を積む機会」

お釈迦《しやか》様の最後の教えとされる『仏遺教経《ぶつゆいきようぎよう》』のなかには、次のような文言があります。

「忍の徳たること、持戒苦行《じかいくぎよう》も及ぶこと能《あた》わざる所なり。能《よ》く忍を行ずる者は、乃《すなわ》ち

名づけて有力《うりき》の大人《だいにん》と為すべし」

忍耐することの徳は、戒を保つことや苦行をおこなうことも遠く及ばないほど、すぐれたものである。忍耐することができる人は、有力の大人というべきである、というのがその意味です。

〝有力の大人〟とは、**心の強い立派な人**ということです。

持戒苦行は仏教の重要な修行ですが、忍耐することはそれにもまさる、とお釈迦様はおっしゃっているのです。それ以上に徳を積める修行はないといってもいい。

自分だけ我慢、忍耐をしていると感じている人は、じつは自分だけ（選ばれて）そのすばらしい修行をさせていただいているのです。嘆いたり、怒ったりするなど、もってのほか。いま、お釈迦様がおられたら、間違いなく、そんな「喝《かつ》」が飛ぶことになるでしょう。

「また、こんな面倒なことを……、いやいや、徳を積む機会をいただいてありがたい」。もう、そう受けとめられますね。

22

妄想をふくらませるより、自分の意識過剰を知る

妄想癖という言葉がありますが、人には程度の差こそあれ、妄想してしまうところがあります。

たとえば、こんなケース。たまたま一人のランチを終えて、オフィスに戻ったら、隅のほうで三人ほど同僚が輪になって、何やら話をしている。自分が入ったとたん、ふっと話が止まったような気がした。

「もしかして、自分の悪口⁉　そう、間違いない。みんなして自分の悪口で盛りあがっていたのだろうか」

そんなふうに考える人はけっして少なくないのではないでしょうか。しかしそれは、妄想です。輪のなかで話題になっていたのは、前夜のテレビ番組の他愛のない感想だったり、芸能人の噂話だったりしても、〝わが悪口〟と受けとってしまうのです。

妄想は一度とりつかれると、ふくらむばかりとなります。「ちょっとした悪口の対象」→「みんなに嫌われている」→「いじめの標的になるに違いない」……といった塩梅です。ですから、仏教では妄想を厳に戒めています。その禅語がまさに字の通り、

「莫妄想《まくもうぞう》」

妄想することなかれ、というものです。

自分が気にするほど相手は気にしていない

しかし、そうはいっても、禅語を知ったらすぐに妄想から離れられるというものではないでしょう。ここは、こんなふうに考えてみてはどうでしょう。

自分という存在が、悪口であれ、何であれ、周囲の話題の中心になるほど注目されるものなのかどうか。そこを冷静になって検証するのです。人は案外、よきにつけ、悪しきにつけ、自意識過剰なところがあります。

これは、おそらく、轟々《ごうごう》の非難をいただくことになると思いますから、勇を鼓して申し上げるのですが、たとえば、メイクをしながら、「なんだか、今日はいつもみたいにキッチリいかないわ」と言ったりする女性がいます。

しかし、周囲から見たらいつもとなんら変わらないメイクなのです。キッチリいっていないと思っているのは本人だけ。ピアスなどのアクセサリーを、これがいいかな、やっぱりあっちか、と時間をかけて選ぶのも同じです。周囲は耳に何がぶら下がっていたって、さしたる違いはないと受けとめています。

端的にいってしまえば、**自分が思っているほど、周囲は注目などしていない**のです。そのことを知れば、つまり、人は自意識過剰になりやすいものだということを心にとめておけば、やたらに妄想をふくらませることは、なくなるのではないでしょうか。先のケースでも、

「自分の悪口!? 考えすぎだね。自分がそんなに注目されているわけがないだろう」

というところに落ち着く。夫婦や恋人同士では、相手の浮気を妄想することがけっこうあるかもしれません。しかし、こんな諺がある。

「女房の妬《や》くほど亭主もてもせず」

そんなものです。莫妄想に一歩ずつでも、近づいていってください。

23

言った言葉は戻らない。愛語につとめる

「覆水盆《ふくすいぼん》に返らず」という諺があります。その典型が言葉でしょう。

いったん口から出た言葉は、それが相手を傷つけてしまうものであっても、言わなかったことにすることはできません。取り返しがつかないのです。それがもとで関係に亀裂が入ってしまうことも少なくない。

その意味では、自分が言った言葉は、結局、自分に返ってくるのです。言葉がもたらした状況の責任は、自分がとるしかありません。

「不立《ふりゅう》文字《もんじ》、教外《きょうげ》別伝《べつでん》」

禅では重要とされる言葉です。その意味は、**ほんとうに大切な教えや悟りは文字や言葉にすることはできない、修行や体験を通して心から心へ伝えるものである**、ということです。

これを、禅では文字や言葉に重きを置いていない、と捉えるのは表層的な解釈です。禅語も公案も言葉で表現されますし、言葉の重みは禅も認めているのです。そのうえで、いくら言葉を尽くしても語りきれない、表現することができない世界があり、真の教えも、悟りもそこにあるのだ、ということをこの言葉はいっています。

ですから、言葉は慎重に扱うべきだということと、禅の考え方はなんら矛盾するものではありません。

それを踏まえたうえで言うのですが、いま、言葉がぞんざいに扱われているという印象は免れないのではないでしょうか。

人間関係が確実に好転する「ものの言い方」

言葉の使い方、言い方が原因で人間関係がうまくいかないというケースも、少なくない気がします。同じことを伝えるのでも、丁寧な、やわらかい、あるいは、やさしい言い方と、とげとげしい言い方とでは、相手の受けとり方がまったく違ったものになります。

たとえば、自分が依頼したことについて催促するといった際も、次の二つの言い方では、受けとり方の違いは明らかです。

「先日お願いした件ですが、現在、どのような状況でしょうか？」

「ねぇ、この前の件だけど、まだできてないの？」

相手がこちらに対してもつ印象、また、その印象に基づく対応が、まるで変わってくることはいうまでもないでしょう。言葉の使い方、言い方のヒントが禅のなかにあります。

「愛語《あいご》能《よ》く廻天《かいてん》の力あることを学《がく》すべきなり」

道元禅師の『正法眼蔵《しょうぼうげんぞう》』にある言葉ですが、愛語には天地をひっくり返すほどの力があることを理解し、学ぶべきである、ということです。言葉のパワーは強力です。

「愛語」とは相手に対する慈しみの心に満ちた言葉と考えればいいでしょう。

自分が相手に投げかけようとしている言葉が、その愛語といえるものかどうか、一度、フィルターにかける。具体的には、自分がその言葉をかけられたらどう感じるかを思ってみることです。

そして、「うん、これなら大丈夫」という言葉を使うことにつとめる。それで人間関係は確実に好転します。

24

ダメな自分を認められたら、
それはもう、一歩踏み出している

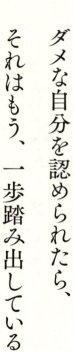

人は基本的にはネガティブです。積極果敢、自信満々、と見える人も、じつのところは頑張って自分を奮い立たせていたりするものなのです。それができないと、何につけても、「どうせ自分なんて、ダメなんだから」ということになる。

だったら、**とことんダメな自分を認めたらどうでしょう。**

禅の修行がまさにそれです。修行に入った当初は、叱られることの連続です。何をやってもダメを出される。それこそ、挨拶から身支度、箸の上げ下ろしからこまごました日常のふるまいの何もかもについて、「そうではない。何をやっておるのだ！」と頭ごなしに叱られます。

それまで**まがりなりにも俗世間で〝それなりに〟生きてきたという自負は木っ端微《み》塵《じん》にされる**のです。

とことんダメな自分を思い知るといってもいいでしょう。しかし、そのことで開き直ることができる。

ここまでダメな自分なのだから、これはもう、まっさらになって修行に打ち込むしかないか、という気持ちになるのです。

なんで坐禅をするのか、掃除はなんのためなのだ、といったことをウダウダ考えずに、修行に身を投じることができるようになる。

「失うものがない」からこそできること

「どうせ自分なんて、彼みたいにバリバリ仕事ができっこない」「どうせ自分なんて、彼女のように異性とフランクにつきあえない」。

それでいいじゃないですか。

何も彼や彼女のようになる必要はないのです。できない自分、何もない自分を認めて、開き直って、そこから始めたらいい。

「無《む》一物中無尽蔵《いちもつちゅうむじんぞう》」

この禅語は、**何ももっていないからこそ、あらゆる可能性が拓けている、**ということをいっています。

自分ってこういう人間だから、わたしってこんな性格だから、その「自分」とか「わたし」って所詮、自分勝手につくったもの。

そんなものをいつまでもかかえていないで、全部捨ててしまう。

そうすれば新しい自分になれるのです。

いじけていないで、縮こまらないで、可能性に向けて小さな一歩を踏み出しましょう。

25

勝ちには堂々の勝ちと、よからぬ勝ちがある

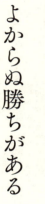

先日、テレビを観ていて知ったのですが、〝霊長類最強女子〟の異名をもつ元レスリング選手の吉田沙保里《よしださおり》さんは、じゃんけんに負けるのも嫌だそうです。それほど「勝ちたい」という気持ちが強いということでしょう。

アスリートにかぎったことではありません。仕事のうえでも、恋の鞘当《さやあ》てでも、勝ちたいと思うのはきわめて自然なことです。

「あれっ、勝ち負けなど埒外《らちがい》に置いて、淡々と生きるのが、禅の考え方ではないの？」

そんなことはありません。

たとえば、坐禅。本来坐禅は一人で坐るものですから、大勢で坐る必要はないものです。

しかし、人間というものは、そんなに強いものではありません。皆で坐っているからこそ、少しぐらい足が痛くなっても、負けるものか、という気持ちで頑張れるのです。

勝ちたいと思うのは少しも悪いことではないのです。

しかし、どうやって勝ちにいくかは問題です。

仕事で勝ちたい相手がいるなら、その人にまさる努力をして、めいっぱい頑張って、勝ちを手に入れる。もちろん、相手も手を拱《こまね》いてはいませんから、できるかぎりの努力をし、頑張りも発揮するでしょう。

いわゆる、**切磋《せっさ》琢磨《たくま》**の関係ですが、そのなかで勝ったら、文句なしの堂々の勝ちです。

卑怯な「勝ち」には「価値」がない

しかし、一方にはよからぬ勝ち方もある。遮二無二《しゃにむに》勝ちにいく、勝つためには手段を選ばない、というのがそれです。

相手を誹謗中傷《ひぼうちゅうしょう》したり、足を引っ張ったり。要は相手を陥れることで勝ちを引き寄せようとするわけです。

仕事でいえば、取引先に「彼は誠実そうに見えますが、ものすごく裏表のある人間なんです」といった根も葉もない悪評を流す。

恋の鞘当てをしている相手を「彼女の私生活のこと知ってる？　乱れているなんてものじゃないみたいよ」などといって貶《おとし》める。

これはダメでしょう。卑怯千万の勝ちに一分の値打ちもありません。

あとは勝った後の態度ですね。そこに器量があらわれます。

勝ち誇って相手を見下す。これは器量なしの典型です。

勝ったときこそ、相手を思いやる。その器量を見せてください。

26

「自分のため」が「他人のため」にもなる行動をとる

ひと昔前に「ジコチュー」という言葉が流行りました。

常に自分中心に考え、ふるまう人を揶揄《やゆ》する表現だったわけですが、よくよく考えてみれば、**人間はみんなどこか「ジコチュー」で生きている**のです。

世界の中心に自分がいるとまでは思わなくても、自分がいちばん大切だと感じているし、最優先させるのは自分の都合でしょう。

他人を思いやることが大事だというのは、誰でもわかっているのです。しかし、自分の都合を捨ててまで他人のために何かをすることは、おいそれとはできない。

自己犠牲は響きのよい言葉ですが、なかなか難しいことです。

ただし、人は心のなかに他人を思いやる気持ちをもっていることも事実です。

ふだんはじっと潜んでいても、何かの拍子にふっとそれが目を覚ますことがあります。

そのときに、思いやる心に素直にしたがって何か行動をとればいい。常日頃から「他人を思いやらなくちゃ」と考える必要はないのだと思います。

まず「自分のため」があってもいい

仏教にはこんな言葉があります。

「利他行《りたぎょう》」

文字通り、他を利するおこない、他人のために何かをする、という意味です。ほら、やっぱり、自分の都合でなく、他人を思いやって行動することを、仏教は教えているじゃないか、というなかれ。利他行の根本にあるのが次のことなのです。

「自利利他《じりりた》」

利他の前に自利、つまり、自分のためということがあるのです。たとえば、お布施です。寺や神社にお金を奉じるわけですから、自分のためではなく、寺や神社のためという感じがしますが、ここにも自利があるのです。

お金は執着の対象です。お布施をすることによって、自分のなかにあるその執着を手放す。**執着は心の垢《あか》であり塵《ちり》**ですから、それをなくすことは、ひとつ清らかな自分になることです。これって自分のためになっているのではありませんか？

お釈迦様にはこんな話があります。

お釈迦様がこの世に生を受ける前、すなわち、前世に、飢えた虎の親子と出会います。そこで、お釈迦様は自分の肉体を虎の親子に与え、飢えから救うのです。**「捨身飼虎《しゃしんしこ》」**の言葉で伝わっているこのエピソードは、究極の自己犠牲のようにも思われます。

しかし、これも、みずからを虎に食べさせることによって、肉体に対する執着、命への執着を断っている、ということなのです。ちゃんと自利利他が成立しています。

あまりに身勝手では困りますが、まず、自分の都合、自分のため、ということがあっていいのです。そのうえで、それが他人のためにもなっていけばさらにいい。そんなことを念頭に置いて行動すれば、間違うことはありません。

27

できることを「ひとつだけ」やる

不思議なもので、暇な時間があるときはしばらくそのペースが続くのに、一転、忙しくなると次から次へとやらなければいけないことが押し寄せてくる、ということになるものです。

「これじゃあ、何から手をつけていいかわからない」

気持ちが焦るばかりで、仕事はいっこうにはかどりません。しかし、それも無理のない話。忙しいということは「心」を「亡《な》」くすことですから、茫然自失《ぼうぜんじしつ》、頭が真っ白になって当然ともいえるのです。

そんなときのいちばんの妙薬は**坐禅**です。

よく、なかなか忙しくて坐禅に行く暇がなくて、とおっしゃる人がいますが、**暇なときに坐禅をしてもあまり意味はありません**。それはただの暇つぶしです。

わたしが高校・大学時代、全生庵には時の総理大臣、中曽根康弘《なかそねやすひろ》先生が毎週必ず坐禅に来ておられました。

総理大臣といえば、日本でいちばん忙しい人といっても過言ではないでしょう。そんな人がわざわざ時間をつくって坐禅をする。

だいたい、日曜日の夜においでになられていました。一週間、朝から晩までそれこそ、分刻みのスケジュール、日曜の夜になると頭の中がぐちゃぐちゃになる、それを坐禅してクリアにし、また月曜日から新しい心で仕事に向かえるようにと、よくおっしゃっていました。

心得がある人は三十分も坐れば、心は落ち着くべきところに落ち着き、頭はクリアになって、やるべきことがはっきり見えてきます。

忙しいときこそ、「ひとつずつ」を忘れない

忙しさを乗り切るには、**順番を決めてひとつずつやっていくしかない**ですね。どんなに能力的にすぐれている人でも、その瞬間にできることはひとつだけしかないのです。決まり切ったことですが、案外、それを忘れがちになる。

「あれもやらなきゃ、いや、これから手をつけるべきだろう、それとも、やっぱり、あっちが先か……」

けっこうそんなことになっているわけです。

その結果、時間だけが過ぎていくということにもなるのです。

一度にできることは、ひとつきりなのだ。まず、それをしっかり胸に刻むことでしょう。

いくら仕事が山積していても、〝ひとつだけやる〟というかまえで全体を見渡せば、順番は決まってくるはずです。

ある程度の時間的な目標を立てて、それを確実に仕上げる。その繰り返しで仕事の決着はつきます。

28

理屈じゃ何も始まらない

近頃の人は、といっても、とくに若い世代ですが、何かにつけて理由を求める傾向があるように思います。理由に納得するまで動かない。やっかいなことに、納得させるのが、これまた、難しいときています。

たとえば、仕事の指示をする。

「急いでこの資料をそろえてくれ」

そう指示されたのであれば、さっさと動けばいいと思うのですが、かりにその資料を使うのが翌々日の会議だったりすると、反論が返ってきたりするわけです。

「資料を使うのは明後日じゃないですか。だったら、何もそんなに急がなくても、それまでにそろえればいいんじゃないですか？」

理屈としては間違っていないのかもしれませんが、ものごとは理屈では少しも前に進みません。動いて始めて前進するわけですし、動いたら理屈通りにいかないことも多々あるのです。

このケースでも資料集めに取りかかってみたら、想像以上に時間がかかるということだってあるでしょう。そうなったら、〝急がなかった〟結果、会議に間に合わないということにもなりかねないのです。

必要なのは「理屈」よりも「いま動く」

道元禅師にまつわるこんな話があります。

禅師が中国に渡り、天童山《てんどう》の如浄《にょじょう》師のもとで修行を始めた頃のことです。ある夏の暑い日に、禅師は炎天下で瓦の上に椎茸《しいたけ》をのせて乾かしている老いた典座《てんぞ》（食事関係をお世話する僧）の姿を目にします。高齢の身に鞭《むち》打つかのように、汗だくになっている典座を気の毒に思い、道元禅師はこう声をかけます。

「あなたのようなお歳の方が、何もこんな暑いさなかにそのような作務をすることはないではありませんか。もっと、若い人にやらせたらいいのではないですか」

老典座はこう答えます。


「他は是れ吾に非《あら》ず」

他人は自分ではない。わたしはこの作務を通して修行をしているのだ。他の人にやらせたのでは、わたしの修行にならないではないか、という意味ですね。道元禅師は重ねて老典座に聞きます。

「それにしても、この暑さのなかでは大変でしょう。別の時間にやったらいかがですか？」

典座はこう答えます。


「更に何《いず》れの時をか待たん」


いまやらずに、いったいいつやるのだ、ということです。

注目して欲しいのはこの後段です。

こんなに暑いときにやることはないではないか、もっと別の時間のほうがラクじゃないか、と考えるのは理屈です。理屈をあれこれこねまわしているだけでは、何も始まらないし、やるべきときを失ってしまうことにもなるのです。

理屈抜きで動く、能書きをたれる前にやったらいいのです。必要なら理屈などあとからいくらでもつけられる。

29

精いっぱいやれば、
それがそのときの「完璧」

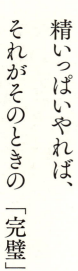

ものごとに取り組んだら、精いっぱいやる。これは何をやるときにも変わらない鉄則です。そんなことは百も承知と胸を張る人もいるでしょう。

「精いっぱいやるだけでなく、自分はいつも完璧をめざしている」

その心意気はよしとするものですが、では、**完璧とはいったいどういう状態をいうのでしょうか。「これぞ、完璧」と決めるのは誰なのですか？**

たとえば、四角形を描くとします。

「よし、寸分の狂いもない正方形を描くぞ」

と作業に取りかかったら、正方形が完璧ということになるでしょう。

なぜなら、それを自分が完璧と決めているからです。定規を使えば造作もありませんが、使わなかったら、正方形を描くのは大変です。

なかなか完璧とはいかない。「これでいいかな。いや、まだまだだ」ということになって、いつまでも作業は完了しません。疲れますね。

しかし、四角形はなにも正方形だけではありません。

長方形も菱《ひし》形も台形も、四角形なのです。しかも、どれもが四角形としては完璧です。自分が正方形と決めてしまうから、枠をつくってしまうから、なかなかそこにたどり着けなくて、苦しんだり、疲れたりするのです。

「完璧主義」になっていませんか？

わたしの父の師にあたるのが、静岡県三島市にある龍澤寺の住職をしておられた山本玄峰という老師だというのはすでにお話しした通りです。

その玄峰老師が書をしたためられた。禅では書を墨跡《ぼくせき》と呼ぶのですが、よく見ると「点」をひとつ書き忘れていたというのです。

そこで、ある人がそれを指摘したわけです。

「老師様、点がひとつ抜けておりますが……」

すると、玄峰老師はこうおっしゃった。

「おまえ、この字をなんと読む？」

点がひとつ抜けていても、書こうとされた字はわかります。その人が〝正解〟を答

えると、老師はことともなげに、
「ならば、よいではないか」
とおっしゃったそうです。

さあ、完璧っていったい何なのでしょう。めざすべきものでしょうか。

自分が精いっぱいやったら、それがそのときの完璧なのです。

それを、別のところに勝手に完璧というものをつくってしまうから、おかしなことになるのです。自分で自分のクビを絞めているといってもいいでしょう。

完璧主義など、すぐにでも返上しましょう！

30

日本古来の考え方「言葉には魂が宿る」

現代人は総じて忙しい日々を送っています。だからか、何かにつけて「忙しい」「疲れた」と口にする人がいます。

まあ、そのこと自体をとやかくいうつもりはありません。「忙しい、忙しい」ということが自分を鼓舞する、一種の景気づけ、気合い注入になっている場合もなくはないのでしょうから。

「疲れた」にしても、ほんとうに疲労困憊《こんぱい》しているのではなく、「ああ、疲れたなぁ(ご苦労様)」と自分を労《ねぎら》っているということなのかもしれない。

もっとも、わたし自身は子どもの頃、「疲れた」というと、父親に「子どもが疲れたとは何ごとだ!」とこっぴどくどやされた経験があって、口にすることは、まず、ありませんが……。

ひとつ知っておいて欲しいのは、日本には古来、言葉には魂が宿るという考え方があるということです。それが**「言霊《ことだま》」**です。

『万葉集』には柿本人麻呂《かきのもとひとまろ》の詠んだ、こんな歌があります。

「敷島《しきしま》の大和《やまと》の国は言霊の幸《さき》はふ国ぞ真幸《まさき》くありこそ」

日本の国は言霊の力によって、幸せがもたらされる国です。わたしは「どうかご無事で」と言葉にいたしますので、その通りご無事でいてください、といった意味です。旅に出立する人へのはなむけの一首とされています。

「よい言葉」は「よい結果」を引き寄せる

よい言葉を発するとその力によってよいことが起こり、悪い言葉を口に出すと悪いことが起こる、というこの日本の伝統的な言葉に対する考え方に則れば、「忙しい」「疲れた」が口グセになっている人は、それが、必要以上の忙しさ、疲れを引き寄せてしまうともいえます。

「善因善果《ぜんいんぜんか》、悪因悪果《あくいんあっか》」

これはよいことをすれば、よい結果がもたらされ、悪いことをすると、悪い結果がもたらされるという仏教の言葉ですが（どちらかといえばマイナスの言葉として使われることが多いですが）、「忙しい」「疲れた」をやたらに口にすることは、〝悪因〟になるという見方ができるかもしれません。

そんなことも踏まえて、気になるようなら「忙しい」「疲れた」を封印するのもいいし、まったく気にならないというなら、口グセをあらためる必要もない、ということだと思います。

判断するのは、みなさんです。

31

手放さずとも放っておく、そうすれば怨みから自由になれる

人間関係ではさまざまなことが起こります。

うれしいこと、楽しいこともあれば、つらいこと、悲しいこともある。なかには、どう考えても相手が嫌がらせをしているとしか受けとれないことがあるかもしれません。

「許せない！」という思いになる。相手が悔いている様子もなく、平然としていたら、なおさらその思いが嵩《こう》じるでしょう。

しかし、**人は自分がしたことは忘れやすく、されたことは忘れ難いもの**なのです。これは人間の〝性《さが》〟ですね。


また、相手には嫌がらせしているつもりはないことも、けっこうあるのではないでしょうか。

たとえば、他人に対して「ちょっと太ったね」と言ったとする。言った側は何気なく口にしただけで、もちろん、嫌みのつもりも、ましてや嫌がらせの意図などまったくなくても、言われたほうはそれがグサリときて、怨みに思うこともなくはないと思うのです。

こちらの意図するところと、それを相手がどう受けとるかは違うのです。そのことは頭に入れておく必要があります。言葉を含め、他人に対する接し方には、十分に配慮していくことです。

念を継がなければ、心は凪《な》いでいく

さて、怨みをもった側はどうするかですが、怨む気持ちが起こるのは自然の感情ですから、いかんともし難い。大切なのは**その「念」を継がない**ということです。

念とは「いま」の「心」、つまり、相手を怨むその心です。

それをその場で手放してしまう、そうできなければ、放っておく。放っておいたら、時間の経過とともに怨む心も薄らいでいくのです。一方、念を継いだら、怨みの心を引きずったら、薄らぐどころか、ますますふくれ上がることになる。

「坊主憎けりゃ、袈裟まで憎い」

よく知られた諺ですが、怨みの念を継ぐと、まさにそういう状態になるのです。相手の何もかもが怨みの対象に思えてくるわけです。

一時《いっとき》湧いた怨みの気持ちは、静かな水面に石が投じられたようなものです。当然、波紋ができます。それを抑えようとして、手を入れたりすれば、波紋はさらに別の波紋をつくることになって、水面は騒ぐばかりとなる。

しかし、放っておけば、波紋はしだいに弱いものになって、もとの静かな水面に戻っていきます。前者が念を継ぐということ、後者が念を継がないということです。

「一念忘機《いちねんきをぼうず》」

この禅語は、心を働かせることなく、はからいを捨てたところに、自由で晴れ晴れとした境地がある、ということを教えています。怨みの念を継いで、それに縛られるのも自分、さっさと放して自由になるのも自分なのです。

どちらにするかは、ひとえにみなさんにかかっています。

32

家族にも、なすべき気配りがある

日常生活では、人は少なからず気配りをしながら他人とかかわっています。そのなかで心が疲れたり、すり減ったりすることにもなる。

それを癒やし、慰めてくれるのが、家族だという思いがありませんか？

ところが、現実には必ずしもそうはならない。そこで、家族に対する苛立《いら》ちも生まれるのです。

「外でヘトヘトになっている自分を、家族なのになんでわかってくれない」

というわけです。

はっきりいいますが、それはないものねだりというものです。家族だからわかってくれるはずだ、家族だから自分を思いやってくれて当然だ、家族ならこうしてくれるに違いない、と考えるのは勝手な思い込みです。

下重暁子さんの『家族という病』という本がベストセラーになりましたが、そうした思い込みはたしかに「病」というべきものなのかもしれません。

「家族への苛立ち」の根っこにある〝甘え〟

家族の最小単位は夫婦です。

夫婦とは、所詮、他人同士の結びつきでしょう。その〝他人〟になんでもわかってもらおう、こちらの思いを汲んで欲しい、と期待することが、そもそも間違っているのです。

家族という〝幻想〟を取り払ってみることが必要です。少し距離を置いて、自分と配偶者、あるいは、子どもとの関係を客観的に見つめ直してみる。すると、甘えの構造が見つかるはずです。

他人には期待しないことを、知らず知らずに期待してしまっている。甘えの構造の根っこにあるのがそれです。それが苛立ちの原因にもなっているのです。もちろん、まるっきりの他人と同一視するということではありません。

家族ならではの気配りに心を砕《くだ》いていく。

それぞれの家族の在り様によって違ってくると思いますが、なすべき気配りは、必ず、あるのです。それを見つけることは、家族に対する苛立ちの芽を摘むことにつながっていきます。

いまは苛立ちを子どもにぶつけることが少なくないのかもしれません。それが、虐待や最悪の事態にいたるケースもしばしば報じられるところです。

その最大の原因は「子どもは自分のもの（所有物）」と思っていることにある。その思いがあるから、「なんでそんなことをする」「なぜ、こうできない」ということにもなるのです。

しかし、子どもは大人と興味の対象は異なるし、まるで違う思考方法で考え、別の行動原理で動いているのです。そこに心を寄せる。それもなすべき気配りでしょう。

「子ども叱るな来た道だもの」

そんな言葉があります。やんちゃも、きかん気も、いたずらも……自分が経てきた道なのです。ゆめゆめ、気配りを忘れないでください。

33

穏やかさの源は余裕にある

日本人は世界のなかでも特筆すべき穏やかな民族でしょう。東日本大震災で被災された方たちのふるまいが、世界中で称賛されたことは、いまだに深く記憶に刻まれているところです。心身ともに極限といえる状況にあっても、暴動も略奪も起こらない。世界から見れば〝不思議の国ニッポン〟の印象だったかもしれません。

とはいえ、日本人のなかにも怒りっぽい人はいます。何かにつけてカリカリしている。もちろん、性格的な部分はあると思いますが、いちばん大きな要素は**〝余裕〟**ということではないでしょうか。

ふだんは温厚な人でも、切羽詰まった状況に置かれれば、怒りっぽくもなります。余裕をなくすことで怒りが引き出されやすくなるのです。時間的な余裕がないときは、駅の改札口でICカード捜しに時間をかけている人を「あらかじめ取り出しておけよ!」と怒鳴りつけたくもなる。余裕があるときには、立たないむかっ腹です。

精神的な余裕も同じです。気持ちのうえで追いつめられていれば、些細なこともカンに障ったり、神経を逆なでしたりすることになります。日常的にも、

「おい、おい、今日の部長、虫の居所が悪いんじゃないか」

といったことがあるでしょう。彼《か》の部長は、おそらく、何ごとかがあって気持ちの

余裕を失っているのです。

穏やかさの源は余裕にあり、です。時間的にも、気持ちのうえでも、余裕をもって生きる。そのためには準備を怠らないことです。時間的には常に〝早め〟を心がける。会議の十分前にはそれに臨む態勢を整える。約束の十分前には現地に行く……。そうした準備をしておけば、余裕をなくすことはありません。

気持ちのうえでもできる準備があるでしょう。たとえば、プレゼンテーションでも、入念なシミュレーションをしておけば、ぶっつけ本番とは確実に違います。デートでもしっかりプランを立てていたら、どこで食事をするかで迷うこともありません。ノープランでは、「何食べる？」「え〜と、イタリアンかな、やっぱり、和食かな……」といった相手の煮え切らない態度に、「はっきりしろよ！」と怒りをぶつけることにもなりかねません。

「かつての肩書き」にしがみつかない

また、このところちょっと気になるのが高齢者の怒りです。人は年齢を重ねるとカドがとれて丸くなるといわれますが、リタイヤ後に「世の中おもしろくない」といわんばかりの人が見受けられるのです。

現役を退けば、役職も肩書きも外れて、ただの人になるわけです。周囲もただの人として接する。そのことが受け容れ難いのです。役職や肩書きにはそれ相応の敬意が払われ、それにふさわしい接し方がされますが、そんな状況がリセットされるのです。

その状況の変化についていけない。いつまでも、役職や肩書きとしての扱いを求めてしまうわけです。そして、それが叶わないと立腹したり、不機嫌になったりする。

こんな禅語があります。

「閑古《かんこ》錐《すい》」

古びて刃先が丸くなった錐《きり》のことです。刃先が摩耗して、穴を開けるという錐本来の機能は果たせなくても、古い錐には使い込まれた味わいというものがある。黒ずんだ胴体には風格が具わっているのです。

人も同じ。**老いたら、老いたまま、そのままの自分で生きるのがいいのです。**

34

口論、喧嘩の妙薬は「挨拶」と「感謝」

結婚してから一度も喧嘩をしたことがないという夫婦はいないでしょう。日常茶飯事という人も、ごくたまにという人もいると思いますが、もとは他人だった二人がひとつ屋根の下に暮らすのですから、意見の食い違い、諍《いさか》い、揉め事の類いがあるのは必然。ずっと平穏な日々が続くことのほうが、むしろ、不自然です。

喧嘩の原因の大半は、他愛のないことのはずです。**「夫婦喧嘩は犬も食わない」**という諺もあるくらいで、何でも食べる犬でさえそっぽを向くほど、とるに足りないことで喧嘩にもなるし、仲直りをするのだから、そう深く考える必要はないということなのでしょう。

もっとも、おたがいに意地を張り合って、いつまでも口をきかない冷戦状態が続くと、家庭内の空気もピリピリしたものになって、居心地が悪くなります。そうなると、仕事にも、家事や育児にも、支障が出ることになる。

夫婦喧嘩の揚げ句、子どもに八つ当たりするということも考えられます。

どちらかが謝ってしまえば、たいがい〝喧嘩にピリオド〟ということになるわけですが、時間が経てば経つほど、謝りにくくなるのも事実。双方が「こうなったら、あっちが謝ってくるまで折れないぞ！」という気分になって、さらに冷戦が長引きます。

喧嘩をしたとき、自分から謝っていますか？

仲直りのコツは「挨拶」にあります。

たとえば夫婦で喧嘩をした翌朝、顔を合わせたら、「おはよう」とひと声をかける。この状況での挨拶の威力は絶大です。

その場では、相手から挨拶が返ってこなかったとしても、その心のなかを覗けば、一気に怒りの溶解現象が起きています。

ちなみに、「挨拶」はもともと禅の言葉で、**おたがいに声をかけ合い、その返答を聞くことによって、相手の力量、到達している境地を見定めること**をいったものです。俗な言葉でいえば、値踏みするということです。

そこから転じて、いまは人と人が心を通わせるきっかけ、コミュニケーションの端緒になっているわけですが、喧嘩を終熄《しゅうそく》させる方法としてもまことに有効。下手な言い訳など及びもつかないほどいい結果をもたらします。

さらにダメを押すなら、**「感謝」**で二の矢を放つ。喧嘩の余波を引きずって、嫌々、朝食を用意してくれている様子であっても、「ありがとう」と言ったら、間違いなく、相手の機嫌は急上昇します。

人の喜びのなかでも、感謝される喜びは格別。最上級の喜びといってもいいでしょう。先に**「愛語」**について触れました（121ページ参照）が、「ありがとう」はその最たるものです。

廻天の力があるのが愛語ですから、少々、損ねている相手の機嫌を直すことなどたやすいのです。

「おはよう」「ありがとう」という両刃の伝家の宝刀、出し惜しみしないで、即刻、夫婦喧嘩にケリをつけましょう。

35

「主人公」で生きたら、それでいい

「はじめて、自分で自分を褒めたいと思います」

みなさんは記憶しているかどうか、これは一九九六年のアトランタ五輪の女子マラソンで三位に入った有森裕子《ありもりゆうこ》選手が、レース直後のコメントのなかで語った言葉です。自分で自分を褒める。頑張った人にはそういうことがあっていい、とわたしは思っています。

しかし、**人は頑張ったら、それ以上のことを求めるから、やっかい**なのです。

他人に認めてもらいたいというのがそれ。そこで、思うような評価が得られないと、

「こんなに頑張ったのになんで認めてくれないのだ。チクショー！」

ということになるわけです。

悔しさは、憤りにも、怒りにも転じます。ここで、認められるということはどういうことか、考えてみてください。認められるか、認められないかは、**自分ではない誰かの〝基準〟**によるわけでしょう。

頑張って同じ結果を出しても、認める人もいれば、認めない人もいる。要はその人

次第ということです。

いってしまえば、こちらでは手の出しようがない他人様《ひとさま》の心の領域の問題です。悔しがったところで、憤ったところで、怒ったところで、それがどうにかなるでしょうか。なりっこない。

どうにもならないことは放っておくのが禅です。

そもそも、人は誰かに認められるために何かをするのでしょうか。認められるために生きているのですか？　そうではないでしょう。

他人からの評価を、頑張る原動力にしない

禅の修行をしていても、師から「よくやった」と認められることなどありませんし、認められるために修行をしているわけではありません。

かっこよく聞こえるかもしれませんが、自分を知るために、本来の自己に出会うために、いずれにしても、〝自分のため〟にひたすら修行に打ち込むのです。

頑張った自分を感じられたら、それでいいじゃないですか。

「主人公」

現在は主役、中心人物といった意味で使われる言葉ですが、これはもともと禅語です。禅語としての意味は**真実の自己、何ものにも縛られない自分**ということです。認められようと思ったら、そのことに縛られることになります。つまり、主人公として生きられないのです。

人は主人公として生きてこそ、存分に頑張ることもできるのです。縛られていては頑張ることはできません。

瑞巖師彦《ずいがんしげん》という和尚は、毎朝、自分に向かって「主人公」と語りかけ、みずから「はい」と答えていたといわれます。

主人公で生きることの大切さを示すエピソードでしょう。

36

闇雲な努力は無駄、
方向性を見きわめる

人が失望感を味わう場面はいくつもあると思いますが、自分が努力したことが報われないというときも、そんな場面といえるでしょう。

しかし、努力したのに成果に結びつかないことはいくらでもあります。

そこで自分を情けなく思ったり、不甲斐ないと感じる必要はありません。やるべきことはほかにあります。**努力の仕方の精査**です。

たとえば、上司から指示された仕事を自分では一所懸命やったのに、上司ができばえに満足しないということがあります。

それは上司が求めているものがほかにあったからです。上司の要求、要望を汲みとれなかったから、努力が成果に結びつかなかったのです。努力の方向性が違っていたわけです。

ここは重要なところです。**努力することは大切ですが、闇雲に努力すればいいというものではないのです。**

徹夜で仕事を仕上げた。たしかに努力はしたのでしょう。しかし、そこに方向違い、見当違いがあったら、その努力が無駄とまではいいませんが、結果としては落第です。

「五感を磨く」ことが、努力と結果を最短で結ぶ

方向性を正しく見きわめるには、先にもお話ししましたが、**五感を働かせる**ことが大事です。

仕事を指示する上司は、一から十まで噛んでふくめるように〝努力の仕方〟を説明してくれるわけではありません。上司が語らなかったところをキャッチするのは五感です。

みなさんがよく知っている禅語があります。

「以心伝心《いしんでんしん》」

言葉によらず、心から心に伝えるということですが、五感をフル稼働しなければ、そんなコミュニケーションは不可能です。一を聞いて十を知る、という言葉もあります。努力を活かすためにも五感磨きを怠らないでください。

三章

愚痴らない

現実に向き合えば、
シンプルに生きられる

37

「比べる」ことは、毒にも薬にもなる

人とかかわって生きている以上、周囲にいる他人がまったく気にならないということはあり得ません。

他人がどうあろうと、自分はひたすらわが道を行く、という生き方は、たしかに理想かもしれませんが、現実にはきわめつけの至難の道でしょう。

他人を気にするのは当たり前だし、他人と自分を比較したっていい、とわたしは思っています。

ただし、**比べることを自分の糧《かて》にしていくという条件つきで**、です。

仕事のうえでもっとも気になるのは同期の人間でしょう。同期がいい仕事をした、先に昇進した、といったときは「そうではない」自分と比べるものです。そこで、

「あいついい仕事して、頑張っているな。俺も気合いを入れなきゃ」

「同期で課長に一番乗りか。よし、追いつけ、追い越せだ」

といったふうに自分を奮い立たせることができれば、比べるのは少しも悪いことではありません。

禅の修行でも同じように修行に取り組んでいる仲間がいるから頑張れるのです。自分より一所懸命やっている仲間と比べて、自分の情けなさを知り、鼓舞することもできる。

独りきりであの修行をやれといわれたら、とてもじゃないができるものではありません。

相手を「敵視」した瞬間に、煩悩は生まれる

一方、比べることが悪く作用することもあります。相手を妬んだり、僻《ひが》んだり、自分を卑下《ひげ》したりするというのがそれです。これらは比べることが最悪に働くパターンです。

相手には妬まれる理由も、僻まれる謂われもないのです。こちらが勝手に独り相撲をとって、相手を〝敵視〟しているわけですから、相手にとっては迷惑な話ですし、こちらは縮こまるばかりとなります。

妬みや僻み、自己卑下はまさしく煩悩。それらにまみれたら自分が愚かになっていくだけです。

妬んでいる自分、僻んでいる自分、卑下している自分が、いい仕事をできると思いますか？　相手を超えて前に進めるでしょうか。

ただただ、置き去りにされるのです。

もう、おわかりですね。

他人との比較を自分のなかでどう扱うかが問題なのです。

扱い方次第で毒にも薬にもなる。何とかとハサミは使いよう、という言葉がありますが、まさにそれです。

くれぐれも毒にしないよう注意してください。なにしろ、これはかなりの〝猛毒〟ですから……。

38

目標とのギャップを埋める一歩、半歩を進めればいい

人が行動する際の原動力になるのが**目標**です。「こんなふうになりたい」「こんな生き方がしたい」という目標があるから、そのために努力もできる。

水は低きに流れるといいますが、ともすれば、易《やす》きに流れるのが人間です。何の目標もなかったら、ラクなほうへラクなほうへと流れるだけの人生になります。

「眼《まなこ》を高くつけろ」

という言葉があります。目標は高いほうがいい。なかなか届かない目標があることで、努力を継続していくことができるのです。ただし、一方には現実があります。夢みるばかりで現実を蔑《ないがし》ろにしたのでは、目標に向かって歩いていくことはできません。**目標を見据えながら、現実を丁寧に生きる。**目標と現実の間にはギャップがあって当然ですが、今日の現実のなかでの精進、努力が、そのギャップを一歩でも、半歩でも埋めることにつながっていく。そんな実感がもてるということが大切なのではないでしょうか。

目標に向かっていない、足踏み状態でギャップが埋まらない、という場合には、目標と現実のどちらかを変えるか、変えないまでも修正することが必要かもしれません。

たとえば、起業するという目標を掲げたら、コツコツ資金を貯める、起業のためのノウハウを勉強する、実際に起業した人の話を聞く……など、現実にできることはいくらでもあります。

それをしないで、給料は全部使ってしまう、勉強もしない、話も聞かない、という現実を過ごしていたら、ギャップはいつまでたっても埋まりません。起業という目標はただの絵に描いた餅でしかないのです。

ここは現実とリンクした目標に変更すべきでしょう。

目の前の「なすべき努力」をなす

もちろん、誰もが目標を達成できるわけではありません。道半ばで人生を終えることだってあるでしょう。こんな禅語があります。

「巌谷栽松《がんこくさいしょう》」

深い谷に松を植えるということですが、臨済義玄《りんざいぎげん》禅師とその師にあたる黄檗希運《おうばくきうん》禅師の問の問答に由来する言葉です。臨済禅師があるとき松を植えていました。それを見た黄檗禅師が問います。

「こんなところに松を植えてどうするつもりなのだ」

臨済禅師はこう答えます。

「ひとつには山門の境致《きょうち》とし、二つには後人のために標榜《ひょうぼう》となさん」

ひとつは寺の景観を整えるため、二つには後世の人の道標にするため、ということですね。松によって景観が整うのも、松が人びとの道標になるのも、はるかに時代が経ってからです。臨済禅師が生きてそれを目にすることはない。

すなわち、禅師は目標の完遂をたしかめることができないわけです。しかし、それでもなお、いま生きている現実にあって、禅師は松を植えるのです。それが目標に向けての一歩、半歩であるなら、それこそ現実でなすべき精進であり、努力だからです。

目標と現実のギャップを埋める一歩を、半歩を歩いていればいいのです。目標に届くか、届かないかは、そうたいした問題ではありません。

39

損でも得でも、「結果を引き受ける覚悟をもって判断した」ことが大事

「**損得勘定**《そんとくかんじょう》」という言葉には、いかにも利にさとく、打算的だという印象があります。

しかし、ものごとを判断するとき、損得を微塵も考えない人がいるでしょうか。人の判断にはどこかに損得が入り込んでいる。それが自然なことなのだと思います。

もちろん、あえて損を選ぶということもある。

たとえば、新規の取引を求めて破格の条件を提示してきた会社があっても、それを断って、それまで長くつきあってきた会社との取引を続けるといったケースです。

これも、損得の判断をしていないわけではないでしょう。その判断はしたうえで、儲け（得）よりも、道義、人情（損）のほうを選んでいるのです。

損得を判断するときに押さえておかなければいけないのは、**損が得に、得が損に、いつ変わるかもしれないということ**です。その瞬間の損得が十年後には入れ替わっている可能性は常にあります。

先の例でも、破格の条件の会社と取引を始めたものの、無理な条件がたたってその会社の経営が立ちゆかなくなり、倒産するということもあるわけです。その結果、大きな負債を背負うことになったら、得は損に変わります。

老人はなぜ一喜一憂しなかったのか

「人間《じんかん》万事塞翁《さいおう》が馬」

中国古典の『淮南子《えなんじ》』に出てくる言葉ですが、次のような話からできたものです。

中国の北の地に占いがうまい老人がいました。あるとき老人の馬が逃げていってしまいます。近所の人びとが気の毒がって慰めにいくと、老人はがっかりした様子もなく、

「これがよいことにならないともかぎらないよ」

と言いました。

それから数か月後、逃げていった馬が駿馬を連れて戻ってきます。今度は人びとがお祝いに駆けつけます。すると、老人は

「これが禍《わざわい》にならないともかぎらない」

と言うのです。

その言葉のとおり、禍が起こります。老人の息子が駿馬に乗っていて落馬し、足を折ってしまったのです。人びとはお見舞いにいきますが、老人の口から出たのは

「これが幸せにならないともかぎらない」

という言葉でした。

その一年後、隣国との間で戦《いくさ》が起こり、駆り出された大勢の若者が戦死します。そんななかで、骨折していたため兵役を免れた老人の息子は死なずにすんだのです。

つまり、幸（福）と不幸（禍）はいつ入れ替わるかわからない、というのがこの故事のいわんとするところですが、これは損得にもピタリとあてはまります。

損を選ぶということも含めて、判断する際に損得勘定から完全に離れることはできません。

しかし、**その損も、得も、あやふやなもの**です。それを承知で、**どんな結果も引き受けるという〝覚悟〟をもって判断をすること**です。

40

他人の話を聞けない人は、学びの機会を失っている

会話はよくキャッチボールに喩《たと》えられます。おたがいにボールを投げ合ってこそ、話も盛り上がるのです。

しかし、なかにはキャッチボールができない人がいる。自分がボールを投げ込むばかり、つまり、自分の話ばかりして、相手の話が聞けないタイプです。

人にはしゃべりグセがありますから、それが身についてしまっていると、そう簡単には直りません。「相手の話を聞くようにしよう」と決めていても、いつのまにかお決まりの独演会になっていたりするものです。

しかも、自分の話ばかりする人は自慢が入る傾向があります。他人の自慢話ほど、聞く側にとって耳障りなものはないのです。

気分がいいのは自分だけ、相手は辟易《へきえき》しているという現実を知るべきですね。

黙って他人の話を聞くための処方箋として、うってつけなのが**坐禅**かもしれません。

坐禅をしているときは、もちろん、ひと言もしゃべることは許されません。三十分なら三十分の間、じっと静かに坐り続けるわけですが、慣れてくると、心が穏やかになり、その静寂の時間が心地よく感じられるのです。

静寂の心地よさを体感することが、無闇にしゃべり続ける自分に歯止めをかけることにつながらないでしょうか。

わたしはしゃべるのが得意ではありませんし、どちらかといえば他人の話を聞くほうですから、坐禅とおしゃべりの因果関係について、たしかなことはいえませんが、おそらくは、「効果あり！」です。

「賢者は歴史に学ぶ」の本当の意味

また、他人の話を聞くことのメリットも考えてみたらどうでしょう。自分がしゃべることができるのは、自分が知っている範囲のことです。それが経験であっても、メディアから仕入れた情報であっても、本から得た知識でも、すでに知っていることを話すわけですから、いわば、〝流出〟一辺倒です。

しかし、他人の話のなかには、自分が知らない経験、情報、知識などが散りばめられています。それらがどんどん〝流入〟してくる。その意味では、**他人の話は学びの**

宝庫ともいえます。話を聞くことで、世界が広がるのです。

「愚者は経験に学び、賢者は歴史に学ぶ」

これは、ドイツの宰相オットー・フォン・ビスマルクが言ったとされる言葉ですが、原語訳は少し違っています。ビスマルクの言葉は正しくはこうです。

「愚者だけが自分の経験から学ぶと信じている。わたしはむしろ、最初から自分の誤りを避けるため、他人の経験から学ぶのを好む」

ビスマルクも他人の経験から学ぶことを推奨している。他人の話を聞くことはまさにそれにあたります。聞くことの大切さを知ってください。

さて、少しは〝聞き上手〟に向けて宗旨替えをする気になったでしょうか。まずは、とにかく一度、坐禅してはいかが！

41

「自分は愚か」と知れば、素直に過ちを認められる

人は過ちをおかすものです。しかし、その一方で、自分がおかした過ちを素直に認めることが苦手ときているから、世の中、けっこう面倒なのです。

とりわけ、他人から過ちを指摘されたりすると意固地になったり、なんとか取り繕《つくろ》おうと言い訳を重ねたりする。

過ちを認めると、体面が失われるとか、面目がつぶれるという思いがあるのでしょう。

しかし、『論語』にはこうあります。

「過ちては則《すなわ》ち改むるに憚《はばか》ること勿《なか》れ」

自分が過っているときは、躊躇《ためら》うことなく、それをあらためるのがいい、ということですね。さらに『論語』にはこんな言葉もあります。

「過ちて改めざる、これを過ちという」

過っているのにそれをあらためないことが、ほんとうの過ちなのだ、といっているのです。

わたしたちは所詮「不完全」と心得る

人間はそもそも愚かなものなのです。不完全きわまりない。だから、禅の修行もどこまでいっても終わりがなく、生涯続くのです。

そのことは腹に据えておく必要があるかもしれません。

愚かな自分だと知れば、過ちをおかすのは当然と思えるし、それを認め、あらためることにも抵抗がなくなるのではないでしょうか。

体面だ、面目だ、といいますが、それらを後生大事にしているのは本人だけです。無理やりそれらを保とうとしている姿、いたずらにそれらにこだわっている姿は、まわりから見れば滑稽《こっけい》でしかありません。

曹洞宗の僧侶良寛《りょうかん》さんはみずからを**「大愚《たいぐ》」**と称しました。

良寛さんの漢詩に「起き上がり小法師《こぼし》」と題する詩があります。

意訳すると、人に投げられても投げられたまま、笑われても笑われたまま、それに対して心に何も思いを抱かない。もし人生この起き上がり小法師のような生き方ができるならば、この世を暮らすのに何の苦労もないであろう、ということです。

体面、面目といったことから遠く離れた清々しさを感じませんか？　さあ、その域に一歩でも近づきましょう。

42

自分に合う仕事は、「ある」のではなく「する」

近頃はいったん就職しても、短期間であっさり見切りをつけ、転職する若い人たちが多いようです。

年功序列、終身雇用という日本型の雇用システムがすっかり壊れたこともあって、転職に抵抗がなくなっているということなのでしょう。

職を変えるいちばんの理由は、その仕事が自分に向いていない、自分に合っていない、ということだと思います。しかし、自分にピッタリ合う仕事というものがあるのでしょうか。

仕事に就くということは、その仕事という形に自分の形を合わせることだ、とわたしは思っています。最初に自分の形ありきでは、合うわけがないのです。四角い自分を三角の仕事に合わせようったって、どだい無理な話。

みなさんはこんな言葉を知りませんか?

「水は方円《ほうえん》の器に随《したが》う」

水は四角い器に注げば四角になり、丸い器に入れれば丸くなる、ということです。器によって自在に形を変えるわけです。

この水のように仕事という器に随って、自分を変えていく。それが仕事をするということの基本でしょう。

どうすれば「天職」は見つかるのか？

「そうはいうけれど、世の中には天職というものがあるじゃないか」

たしかに。自分と仕事がピッタリ合って、その仕事をするために自分がいるかのように思えることはある。

しかし、それは、天から降ってくるように、仕事が自分のところにやってくるということではないのです。

仕事に真摯に向き合い、苦労もし、忍耐もし、あるいは、喜びを感じ、楽しさを見いだす、といったことのなかで、次第に自分と仕事の〝肌あい〟が合ってくる。それが天職というものでしょう。

どこかに天職があるのではないのです。その仕事を自分が天職にするのです。禅語にこんなものがあります。

「大地《だいち》黄金《おうごん》」

その場所で一所懸命の努力を重ねていけば、そこが黄金に輝いてくる、という意味です。

「場所」と「仕事」を入れ替えてみてください。

そう、とことんやってみることが大事なのです。そうすることで、その仕事が輝いてくる。自分にピッタリ合うものになってくるのです。

43

不安なら、
「いまできること」をやればいい

常日頃からしきりに「不安」を口にする人がいます。

「まだ、結婚もしていないし、この先どうなるのか、不安なことばっかり」

「年金もどうなるかわからないこのご時世、定年後を考えたら不安でたまらない」

たしかに、将来のこと、先のことは、どうなるかわかりません。しかし、そのことは不安を抱こうが、抱かないでいようが、変わらないのです。

しばしば例に引いて恐縮ですが、不安について有名な禅の公案があります。


「達磨安心《だるまあんじん》」

達磨大師と二祖慧可《にそえか》大師との以下の問答がもとになったものです。


修行を重ねていた慧可大師ですが、なかなか安らかな心が得られません。そこで、達磨大師にこう問いかけます。

「わたしはいまだに不安で仕方がありません。どうか、わたしを安心させてください」

達磨大師はこう答えます。

「それでは、おまえのその不安な心とやらをここにもってておいで。もってきたら安らかにしてやろう」

慧可大師は必死になって不安な心を探しますが、どうしても見つかりません。そこでその旨を達磨大師に告げると、達磨大師からはこんな言葉が返ってきます。

「ほら、おまえの心を安心させてやったよ」

不安な心など、どこを探したって、見つかりっこないのです。実体がないのに、勝手に自分がつくり出しているものだからです。それがわかれば心は安らかになる、というのがこの公案の眼目です。

まあ、禅問答ですからわかりにくいという面があるかもしれません。

不安を口にする人の共通点

わたしはこんなふうに考えています。

実体がない不安でも、それを感じるのであれば、「いまできること」を「やる」しかない。

結婚をしたいのなら、そのためにできるかぎりの方策を講じることです。「できなかったらどうしよう?」などと考えていても、結婚に向けて少しも前進することはない。

いまできることを確実にやって、それを積み重ねていくしかないのです。

その結果、できなかったら、それはそのときに対応すればいい。結婚できなかったとしても「できること」はあります。

老後が不安なら、お金を貯める、定年後の食い扶持《ぶち》が稼げる技術を身につける、などが考えられますが、それに向けて「いまできること」をすればいい。

不安を口にする人にかぎって、いまできることをやっていないことが多いものです。そのときどきに、必死にできることをやっていれば、不安を抱いている暇もないはずなのです。

44

当たり前のことを当たり前にやる

禅の修行中に繰り返しいわれるのが、**「心配りをせよ」**ということです。

それはもう、完全に耳タコ状態。行住坐臥《ぎょうじゅうざが》の一切合切、立ち居ふるまいのすべてに、心配りを欠かすなというのです。

人は常にさまざまなものを見たり、聞いたりしています。しかし、心がそこになく、そのことに心を配っていなければ、ただ映像や音声が入ってきているだけで、ほんとうには見えていないし、聞こえてもいないのです。

心を配るには、頭に余計な思いがない**「空《くう》」**の状態でなければなりません。

たとえば、ありがたい話を聞いていても、頭のなかで仕事のことを考えていたり、悩み事に思いが向いていたのでは、心に響いてきません。

いわゆる、心ここにあらず、という状態ですね。

よくある例でいえば、電車に座っていて、お年寄りが乗ってきたら、席を譲るのは当たり前だと誰もが思っているはずです。

そこで、さっと席を譲ることができる。心配りをしていれば、そうなるのです。

しっかりお年寄りの姿が見えている。

一方、譲ったほうがいいかな、自分だって疲れているしな、譲るのも気恥ずかしいし……といった思いが湧き、あれこれ考えていると、席を譲れなくなる。思いが邪魔をして心配りが疎かにされるのです。お年寄りを見ているようで、じつのところ見えていないといってもいい。

その結果、**タイミングを逸することになる。それを「間」が「抜ける」、間抜けというのです。**

落ちているゴミをパッと拾う、脱いだ履きものをさっとそろえる、といったことも同じです。「拾わなきゃ」「そろえなきゃ」などという思いの前に、身体が動いている。心配りをするとはそういうことです。

なおざりにしがちな「当たり前」

何も難しいことではないのです。こんな言い方ができるかもしれません。

「やるべきことを、やるべきところで、やるべきときに、やる」

至極当たり前のことでしょう。しかし、案外、その当たり前のことをしていないことが多いのです。

挨拶の声をかけられて、すぐに挨拶を返していますか？

名前を呼ばれて生返事はしていませんか？

混んだエレベーターの入口近くに乗ったら、降りる人のためにいったん自分が降りて、道をあけていますか？

さあ、いまから、やるべきことを、やるべきところで、やるべきときに、やってください。

45

「悪いかもしれない自分」を どこかで感じる

人とかかわっていれば、意見がぶつかることも、気持ちが行き違うこともありますし、自分のふるまいが相手に迷惑をかけたり、不快な思いをさせたりすることもあるものです。

そこで、みずからを省《かえり》みて、折れたり、謝ったりすればいいのですが、これができない人が少なくない。もっとも、なかには、

「だって、自分は悪くないんだから……」

そういい張る人がいるかもしれません。

百歩譲って、ほんとうに悪いという自覚がないのだとしても、**生きているというだけで、人は知らず知らずのうちに他人に迷惑をかけたり、不快な思いをさせたりしているもの**なのです。

誰しも死ぬときは「十の悪行」を懺悔する

仏教では亡くなった人に戒名《かいみょう》をつけます。ちなみに、戒名とは、仏道の戒にしたがってこれから生きていきます、という誓いを立てたときに授けられる名前で、本来

は生前につけるのですが、現在では没後につけることが多くなっています。
その戒名をつけるときに、必ず読むのが『懺悔文《ざんげもん》』というお経です。

「我昔所造諸悪業《がしゃくしょぞうしょあくごう》、皆由無始貪瞋癡《かいゆうむしとんじんち》、従身口意之所生《じゅうしんくいししょしょう》、一切我今皆懺悔《いっさいがこんかいざんげ》」

その意味は次のようなことになります。
「わたしが昔からつくってきたさまざまな悪業は、遠い過去から積みあげてきた貪瞋癡の三毒によるものです。それは身（ふるまい）、口（言葉）、意（心）でおこなった三業から生まれたのです。いま、わたしはそれらのすべてを懺悔します」

悪業についていえば、人は十の悪業をなすとされます。身体でおこなう**殺生（殺すこと）**、**偸盗《ちゅうとう》（盗むこと）**、**邪淫《じゃいん》（ふしだらな性生活をすること）**の三つ、口による**悪口（悪口をいうこと）**、**両舌《りょうぜつ》（二枚舌を使うこと）**、**綺語《きご》（口先だけでものをいうこと）**、**妄語（うそをつくこと）**の四つ、そして、心の作用である**貪（貪ること）**、**瞋（怒ること）**、**癡（愚かなこと）**の三つです。

自分で意識して悪業をつくろうと思う人は、基本的にはいないはずですから、やはり、知らず知らずのうちに、悪いという意識なしに、それらをつくっていることになります。

誰かのなにげないふるまいで気分を悪くした、まったく悪意がない言葉なのに傷ついた、といった経験は誰にでもあるのではないでしょうか。それは、自分もそうすることがあるということでしょう。

また、自分の言動を思い起こしてみれば、うそや口先だけの言葉を口にしたり、何でもないことに怒ったりしたことがあると思うのです。人は誰もがそんなふうにして生きています。

ですから、いつも「悪くない自分」を主張するのではなく、**「もしかしたら、悪いかもしれない自分」をどこかで感じていく謙虚さを忘れないことが大切**なのです。

46

「対機説法」を心がける

人の性格はさまざま、それこそ十人十色です。性格はふるまいや言葉にもあらわれますから、物怖じしない外向的な性格の人は、相手によっては「厚かましい」ととられ、疎《うと》んじられることがあるかもしれません。

それがもとで関係にヒビが入ったり、周囲の人が離れていったりすることもあるでしょう。

生まれもった性格はなかなか変えることができませんから、それはそれで仕方がないともいえますが、考えるべきところはあると思うのです。

「対機《たいき》説法《せっぽう》」

これは、お釈迦様の説法をいった言葉です。

お釈迦様は教えを説かれるとき、相手の性格や年齢、知的なレベル、置かれている環境、そのときの状況などを心にとめて、**相手がいちばん理解しやすい言葉やいいまわしを使われた**のです。

だからこそ、お釈迦様の教え（仏法）は広く万民に伝播《でんぱ》していったといってもいいでしょう。

禅も「一本調子」を嫌います。師が弟子とかかわる場合も、弟子一人ひとりで性格も個性も違うわけですから、それを汲みとった接し方をする。十把《じゆっぱ》一絡《ひとから》げにした一本調子では伝わるものも伝わらないのです。

みなさんも、子どもに話すときと大人に話すときでは、使う言葉や言い方を変えているはずです。

いわば、自然に〝対機説法〟をしているわけですが、それをもう少しきめこまやかにおこなうことで、「厚かましい人」の汚名はかなりの程度、返上できるのではないでしょうか。

相手の世界を大事にする

そのためには、まず、相手を理解することです。

たとえば、自分の世界を大事にしていて、他人にはあまりズケズケと入り込んで欲しくない人がいます。そんな相手に、心のなかにまで土足で踏み込むような接し方をしたら、たちまち敬遠されるのは目に見えています。

良好な関係を保ちたいのであれば、自分流は少し抑えて、相手の世界を尊重する接し方をする必要があるでしょう。

相手を理解するには、やはり、五感を働かせることです。ちょっとした表情やしぐさにも相手の思いや感情があらわれています。それを見逃さず、

「ああ、こんなものの言い方が嫌なんだ」

「こんなふうにされるのは苦手みたいだな」

といった具合に相手の人となりを感じとってください。

そして、もうひとつ大事なことがあります。

「親しき仲にも礼儀あり」

これも絶対に忘れてはいけないポイントです。

47

群れからはぐれることを怖れない

いまの若い人たちを見ていると、「どうして、そんなに群れたがるのだろう？」と強く思います。

常に輪のなかにいる自分を感じていないと不安になる。しかも、それがバーチャルな世界に広がっています。

ＳＮＳ（ソーシャル・ネットワーキング・サービス）で始終誰かとやりとりをしているのがその典型でしょう。

飲み会の連絡などもＳＮＳを介してということが多いようですが、たまたま自分にだけ連絡がこなかったりすると、「仲間外れにされた」といっそう不安を募らせたりする。

しかし、そうした仲間っていったい何なのでしょう。

たとえばの話、自分が窮地に立たされたとき、ＳＮＳ仲間に相談を持ちかけたとして、何人がそれを真剣に受けとめ、応えてくれるでしょうか。

間違いなく、自分で考えているよりはるかに〝応答〟は少ないはずです。群れのつながりはきわめて脆弱《ぜいじゃく》。

わいわいがやがやとやっているときは、**つながっているように思えても、いったん何かことがあると簡単にほどけてしまう。それが実態**ということなのではないでしょうか。

いま、目の前にいる相手との時間を大切にする

「一期《いちご》一会《いちえ》」

元は千利休の言葉とされますが、江戸時代末期、桜田門外の変で暗殺された大老・井伊直弼《いいなおすけ》が、その著書『茶湯一会集《ちゃのゆいちえしゅう》』に茶道のいちばんの心得として記したことにより有名になった言葉です。

その相手と会っている瞬間は、一度きりのもので、二度と戻ってくることはない。そんなかけがえのない時間なのだから、精いっぱい相手のことを思い、できるかぎりのことをしなさい、というのがその意味です。

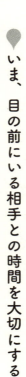

人と人とが縁によって出会い、その縁を深めていくうえでの〝原点〟がこの言葉にあるような気がします。

ゆる〜い群れなんかからは、はみ出したっていいじゃないですか。原点に戻って、人づきあいというものについて、見直してみませんか？

48

「おかげさま」に気づいたら、自然に感謝の思いが湧く

「人として生きるうえでいちばん大事なことは何ですか？」

そう問われたら、わたしは迷わず「感謝である」と答えます。

それを痛感したのは修行道場にいたときです。

毎日、つらく苦しい修行をしていると、なぜ、自分だけがこんな思いをしなければならないのだ、という気持ちになります。修行に身を投じている自分が、そのすべてを引き受けている、と感じるからです。

しかし、ときが経つにつれて、そうではないことに気づくのです。

托鉢《たくはつ》に出たときに野菜をくださった人の話はしましたが、冬の寒い朝にわざわざ門の前に出て、わたしを迎えてくれた人もいました。

わたしは修行中に父を亡くしましたから、住職がいなくなった寺（全生庵）を母が守ってくれた。お檀家さんやその他の方々の協力もいただいた。すべてわたしの修行を支えてくれた人たちです。

修行を自分が引き受けているなんてとんでもない。支えてくれている人たちの「おかげさま」で、わたしは修行をさせていただいていたのです。そのことに気づいて、心底、「ありがたいな」と思いました。

結局、修行期間は十年にわたりました。それを知った人から、「十年ですか、大変でしたね。よくおやりになった」といった言葉をいただくことがありますが、たくさんの「おかげさま」があってのこと。

少々、面映《おもは》ゆい気がするのと同時に、感謝の思いがいつも甦《よみがえ》ってきます。

「感謝」を忘れてしまう理由

そんな自分自身の経験からいえるのは、感謝はしようと思ってできるというものではないということです。

「おかげさま」に気づけるかどうか。そこにかかっています。気づけたら自然に「ありがとうございます」の思いが湧き上がってくる。

みなさんのまわりにも「おかげさま」はいくらでもあるはずです。「おかげさま」だらけといってもいいでしょう。

そこにいただいている命からして、両親の、さらには、ご先祖様の、「おかげさま」ではありませんか。

食事にしても、食材をつくってくれる農家の人、流通業に携わる人、調理をしてくれる人……などなど、大勢の人たちの目には見えない「おかげさま」があって、はじめて自分の口に入るのです。

自分が成果を上げた仕事だって、サポートしてくれた人がいるはずですし、だいいち、会社という組織があって、そのポジションが与えられて、結果がもたらされているのです。

そう考えていくと、人は数え切れないほどの「おかげさま」のうえで生きているということがわかってくる。感謝せずにはいられません。

49

誠心誠意、真心が信頼の源

公私を問わず、人づきあいでもっとも大切なのは「信頼」だと思います。信頼できない相手とは手を組んで仕事をしようという気持ちにはならないし、信頼がなければ友人になるはずもない。恋愛にしても、基盤になるのは相手に対する信頼でしょう。

その信頼を築く土台となるのは、きわめてシンプルなことだ、とわたしは思っています。

約束を守る。

誰でもわかっていることですが、これがなかなか難しいのです。

フランス皇帝のナポレオンはこう言っています。

「約束を守る最上の方法はけっして約束しないことだ」

約束が容易《たやす》く破られるものだということを、ナポレオンは熟知していたということでしょう。みなさんにも、直前になって約束を守らなかった、いわゆる、ドタキャンの経験があるかもしれませんね。

守らなくていい約束はない

約束を守るには、まず、**守れそうもない約束はしないこと**です。当たり前だと思うかもしれませんが、親しい間柄だとつい、ついこんなことになる。

「彼女とは長いつきあいだし、守れなくても許してくれるわ」

勝手にそう決めて、安易に約束してしまうわけです。しかし、約束するということは、相手にわざわざその時間をあけてもらうということです。親しいから反古《ほご》にしてもいいなどと考えるのは、とんだお門違い。〝時間泥棒〟と誹《そし》られても、文句が言えた義理ではありません。

順番を重んじることも大切です。友人との約束があっても、その後、恋人からデートの誘いがあったら、あるいは、仕事の相手から誘われたら、そちらを重んじてしまうということがありませんか？　それではダメです。

身内の不幸、仕事の突発的な事態、といったのっぴきならない状況は別にして、**と**

にかく、先にした約束を優先する。それを自分のなかのルールとして確立しておけば、無闇に約束を破ることはなくなります。

もちろん、信頼は一朝一夕に得られるものではありません。しかも、こちらを信頼する、しないは、相手に委《ゆだ》ねられているわけですから、自分でできることにはかぎりがあります。

約束を守るということを土台に、何ごとにも誠心誠意をもってあたる、真心を尽くしていく。それが自分にできる最大限のことです。よく例に引くのですが、全生庵を開いた山岡鉄舟《やまおかてつしゅう》先生の、次のような一首があります。

「まこゝろの　ひとつ心の　こゝろより　萬《よろず》のことは　なり出にけむ」

すべてのことは真心によって成り立っているのだ、ということでしょう。**信頼もまた、真心から生まれるのです。**

50

人との距離感は実践で身につけるしかない

人と接していて何となく居心地がよくないと感じることはありませんか？とくに理由はないのに、そんな感じがするのは「距離」が適切でないからかもしれません。

人と人とがかかわるときには、それが夫婦間であっても、親子間であっても、きょうだい間でも、恋人間でも、友人、知人の間でも、**頃合いの距離**というものがあるのではないか、と思います。

距離が縮まりすぎると、息苦しくなったり、窮屈になったり、鬱陶《うっとう》しいと感じたりする。逆に離れすぎると、寂しかったり、切なくなったり、取り残されたような気持ちになったりするのでしょう。

頃合いの距離は自分ではかっていくしかないわけですが、近頃はこれが苦手な人が多いのです。

その背景にあるのが生活環境でしょう。いまは核家族化が進み、少子化傾向も顕著です。また、夫婦共働きという家庭も増えている。

そうした環境のなかで、人とのかかわりが希薄になっています。一人っ子が学校から帰ってきても、両親は仕事に出ているし、祖父母もいない。かかわるべき人がいないわけです。そこで、ゲームに没頭するといったことにもなる。

距離感は人と実際にかかわりながら、うまくいったり、いかなかったり、を体感して身につけていくものです。

昔はきょうだいも大勢いたし、両親、祖父母が一緒に暮らす家庭も珍しくありませんでした。近所の年齢の違う子どもたちもつるんで外遊びをしていました。さまざまな年代、年齢の人とかかわる機会がふんだんにあったのです。距離感は自然に身についていったといっていいでしょう。現在、それは望むべくもありません。

「場数を踏む」ことで、たしかに磨かれていく

しかし、こればっかりは実践を積むしかないのです。

たとえば、恋人間の距離といっても、常に一定しているわけではありません。その日の気分や状況などによって、頃合いの距離は伸びたり、縮まったりするわけです。

その他の関係でもまったく同じです。

ここは、距離を意識して、場数を踏むなかで、「これじゃあ近すぎるか」「ちょっと遠くなりすぎた」「これが頃合いの距離ってやつか」というふうに、距離感を磨いていく以外にないですね。

「禅即実践」

そんな言葉があるように、禅は何より実践を重んじます。距離感を身につける手立ても、それを磨いていくすべも、実践のなかにあるのです。

51

孤独が心を鍛えてくれる

人は一人では生きていけません。誰もが他人とのかかわりのなかで生きています。しかし、ときにどうしようもなく孤独を感じることがあるものです。それが不安を掻き立てることにもなる。

たしかに、独りぼっちは寂しいという思いは誰にでもあるでしょう。しかし、人とかかわることで、愛憎が生まれたり、打算や損得計算が働いたり、といった煩わしさを背負うことにもなるのです。

そんな煩わしさから離れて、**「自由」**になる。孤独をそう捉えたら、印象はずっと違ったものになるのではないでしょうか。

不安になるのではなくて、むしろ、生きるうえで不可欠な時間と思えてきませんか？

「犀《さい》の角《つの》のようにただ独り歩め」

お釈迦様もそうおっしゃっていますが、人はもともと孤独なのです。

家族、身内を含め、親しい人がどれほどたくさんいようと、人生の最期はたった独りで死んでいかなくてはなりません。そのことも、人が孤独であることを示すものでしょう。

孤独を体感すると心が鍛えられる

現代では特に、SNSを介して、常に誰かとつながっていなければ不安になる人が多いようですが、いかにも薄っぺらなつながりといわざるを得ません。

そんなふうにいたずらに群れるより、孤独を体感することのほうが、人生ではずっと大切だという気がします。

坐禅はまさに孤独を体感する修行です。独り静かに坐って自分の内面を見つめる。そのことによって心が鍛えられるのです。孤独に対する耐性が養われるという言い方もできるでしょう。

政治家や経営者に坐禅に取り組む人が多いのは、そこにも理由があるのかもしれません。

国の舵取りに関して、あるいは、会社のゆくべき方向について、彼らは判断や決断をしなければならない立場にあります。

地位が上がれば上がるほど、判断、決断は自分の手に委ねられます。誰にも相談せずに決めなければならない、その孤独感は想像を絶するものでしょう。

それに耐え抜くために坐禅をしているといっても、それほど的外れではないと思います。

機会があれば、坐禅をするのがいちばんだと思いますが、坐禅をしないまでも、意識的に独りになる時間、孤独と向き合う時間をつくったらどうでしょう。

「孤独は不安だ」などとヤワなことはいわないで、心を鍛えましょう。

52

どうにもならない「死」は
おまかせしてしまう

怖いものといえば、人それぞれだと思いますが、万人に共通するのは死に対する怖れではないでしょうか。

なんといっても、死の世界には誰も行ったことがない。地獄だ、極楽だ、という言い方はされていても、その実態はまったく未知です。何も見えない闇が怖れをもたらすように、その〝わからなさ〟が、怖れの源といっていいでしょう。

また、誰しも死から逃れることはできません。**万人に公平に訪れる唯一のものが「死」**なのです。

「いつかは死ななければならない」という不可避性も、怖れを増幅させているのかもしれません。

さらに、生きたいという（意）欲もあります。

もちろん、その欲がなければ生きていけないわけですが、いくら欲があっても、いつか必ず、それは断ち切られる。しかも、そのときがいつやってくるのか、これまた誰にもわからないのです。

そのことも怖れる要素になっているのでしょう。

死を受け容れられる人

わからない、避けられない、予測できない、という人の手がおよばないことが三つそろったのが「死」なのです。これはどうにもなりません。

仏教では、どうにもならないこと、考えても仕方がないことは考えない、というのが基本的なスタンスです。そう、死については、仏様におまかせするほかはないし、そうしてしまえばいいのです。

ガンの告知を受けるなどして、「余命○カ月」と命の期限を切られることもあります。これについては、仏教に次のような話があります。

古代インドに栄えたマガダ国にビンビサーラという国王がいました。長男が生まれたとき、予言者がビンビサーラにこう告げます。「この子は十年経ったら、あなたを殺しますよ」。

仏教に帰依していたビンビサーラは、お釈迦様に予言の内容を伝え、どうしたらよいかを相談します。そのときのお釈迦様の答えは、「木になれ」というものでした。「木は明日切られるとわかっていて、心配するだろうか」というわけです。

その心持ちでいるのが理想だとは思いますが、生身の人間にそうなれるかどうかはわかりません。ただし、余命を告げられて、なお、従容《しょうよう》として死を受け容れるケースはあります。わたしの寺に坐禅にきていた、日本でも有数の大企業の経営者の人の話ですが、突然、「余命二カ月」のガン宣告を受けたのです。

その後、その人はガン治療を受けながら、墓所のことなど必要な人生の仕舞い支度をし、半年後に他界しました。家族のなかではどんな様子だったか、うかがい知ることはできませんが、少なくとも、わたしたちの前では、そのふるまいにガン宣告前と変わるところはありませんでした。これもおまかせした姿ではなかったでしょうか。

最後に良寛さんの言葉を紹介しておきましょう。

「死ぬる時節には死ぬがよく候」

まかせきったところに怖れはありません。

おわりに

いまに徹して、心の毒を防ぐ

お釈迦様が出家をされた因縁は、人間の根源的な「苦」である、生、老、病、死（四苦）の解決です。そのために修行をつまれました。しかし、お釈迦様とはいえ、生きていく中でこの四苦を捨てることはできません。また、捨てられないものを無理に捨てようとすれば、大きなとらわれになります。ではどうされたのでしょうか。それは**「受け容れること」**と**「転じること」**です。心に湧き上がる三毒も同じです。

言葉で書いてしまうととても簡単ですが、実際にできるか、となるとなかなか難しい。ではどうすればできるのでしょうか。その第一歩は、**「いまに徹する」**ことです。「隙がある」という言葉があるように、**心と身体（自分がいまやっていること）の間に隙間があると、三毒が入り込みます。**「いまに徹する」ことで、その隙間をつくらないようにすることが大切です。「いま、いま、いま」で一日を過ごしてみればきっと、とらわれない自分がそこにいるはずです。

平井正修

本書は、KADOKAWAより刊行された『三つの毒を捨てなさい』を、文庫収録にあたり再編集のうえ、改題したものです。

平井正修（ひらい・しょうしゅう）

臨済宗国泰寺派全生庵住職。1967年東京生まれ。1990年学習院大学法学部を卒業後、2001年まで静岡県三島市龍澤寺専門道場にて修行。2003年より現職。2018年に大学院大学至善館特任教授、臨済宗国泰寺派教学部長に就任。

坐禅会や企業研修、講演会などで、禅の教えを通じて、人生や仕事との向き合い方、心身の調整法についてわかりやすく説く。

全生庵は、江戸城無血開城の陰の功労者である山岡鉄舟が、幕末・明治維新の際に国事に殉じた人々の菩提を弔うために建立。中曽根康弘氏や安倍晋三氏など、歴代首相も参禅したことで知られる。

主な著書に『忘れる力』＊『男の禅語』『禅がすすめる力の抜き方』＊（以上、三笠書房、＊印《知的生きかた文庫》）、『心がみるみる晴れる　坐禅のすすめ』『「見えないもの」を大切に生きる。』（以上、幻冬舎）、『お坊さんにならうこころが調う　朝・昼・夜の習慣』（ディスカヴァー・トゥエンティワン）、『山岡鉄舟修養訓』（致知出版社）などがある。

知的生きかた文庫

「とらわれない」で生《い》きる禅《ぜん》の教《おし》え　求《もと》めない　怒《おこ》らない　愚痴《ぐち》らない

著者　平井《ひらい》正　修《しょうしゅう》

発行者　押鐘太陽

発行所　株式会社三笠書房

〒一〇二―〇〇七二　東京都千代田区飯田橋三―三―一

電話〇三―五二二六―五七三四〈営業部〉

〇三―五二二六―五七三一〈編集部〉

https://www.mikasashobo.co.jp

印刷　誠宏印刷

製本　若林製本工場

ISBN978-4-8379-8887-8 C0130